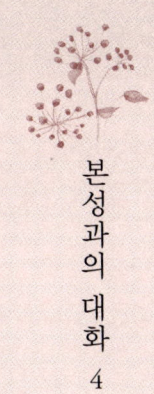

본성과의 대화 4

본성과의대화 4

ⓒ 문화영, 1999

1판 1쇄 | 1999년 5월 28일
2판 1쇄 | 2010년 7월 28일
2판 3쇄 | 2022년 12월 23일

문화영 지음

펴낸곳 | 도서출판 수선재
펴낸이 | 장미리

출판등록 | 2022년 5월 30일 (제2022-000007호)
주소 | 전남 나주시 한빛로61 111-1004
전화 | 0507-1472-0328
팩스 | 02-6918-6789
홈페이지 | www.ssjpress.com
이메일 | ssjpress@naver.com

ISBN 978-89-89150-67-1 04810 4권
ISBN 978-89-89150-63-3 04810 (전4권)

잘못된 책은 바꾸어 드립니다.
저자와 협의하여 인지는 생략합니다.

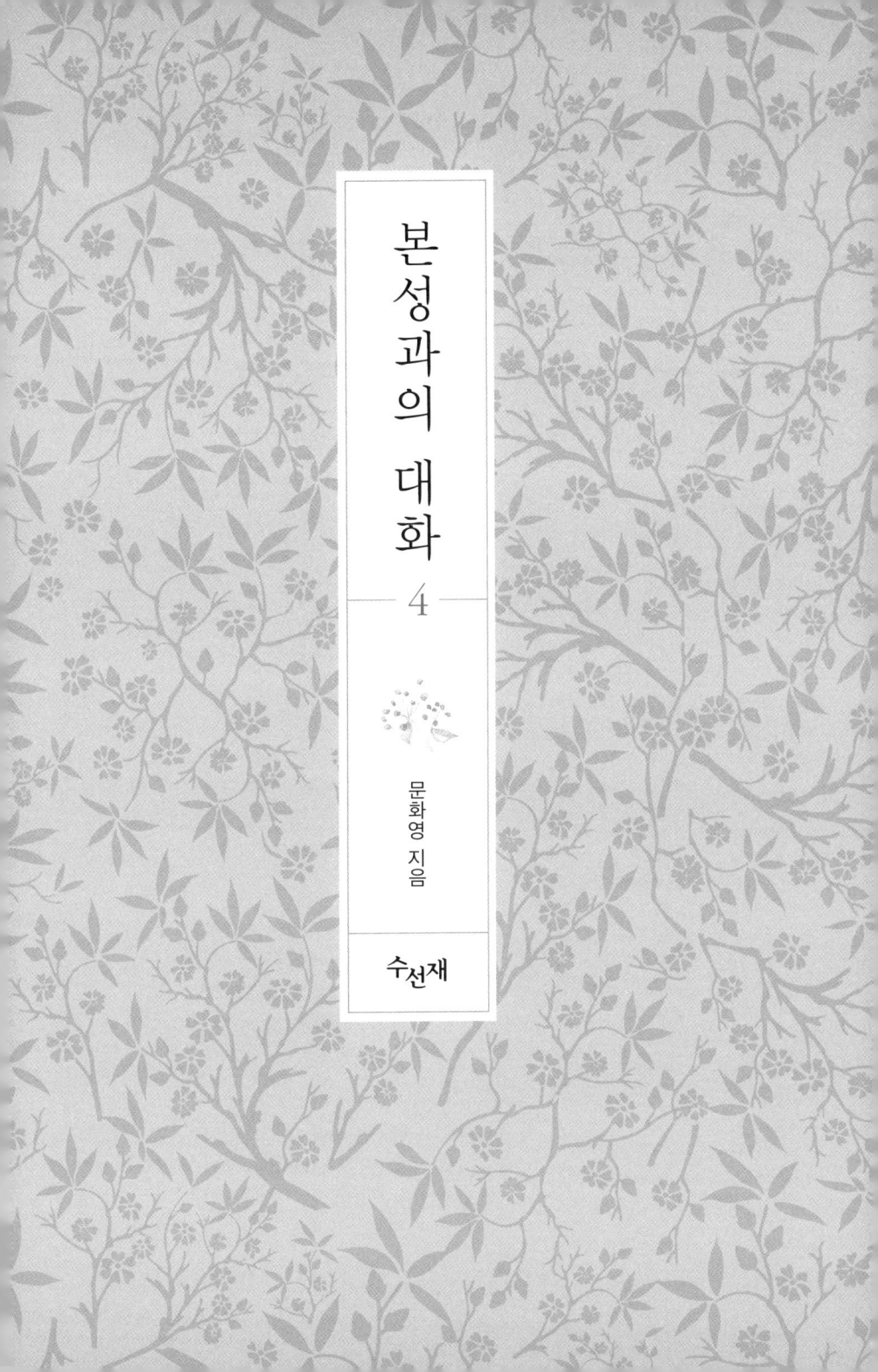

차례

본성과의 만남 전후

1 — 사고방식의 정리 11
2 — 편견은 가장 큰 결점 12
3 — 이진법 13
4 — 마음의 정리 14
5 — 진리 16
6 — 오늘이 중요 17
7 — 운은 새와 같다 18
8 — 세 가지 운 20
9 — 변화와 진화 22
10 — 수련의 가속화 24
11 — 노력과 진화 26
12 — 정상이란 28
13 — 호흡은 공기의 공유 30
14 — 홀로 서라 32
15 — 부끄러움 1 33
16 — 부끄러움 2 35
17 — 부끄러움 3 37
18 — 부끄러움 4 40
19 — 자신의 통제 42
20 — 도전에 대한 응전 44
21 — 호흡 8 45
22 — 시간의 사용 47
23 — 때란 48
24 — 한계는 없다 49
25 — 불가능은 없다 3 51

26 — 바라는 바가 있어야 53
27 — 운명이라는 변수 55
28 — 부동심 57
29 — 드라마 작가 58
30 — 여러 종류의 사람 60
31 — 하늘의 뜻 62
32 — 정情은 최종 관문 64
33 — 인간에 대한 하늘의 뜻 66
34 — 사는 이유 68
35 — 기운을 모으는 법 70
36 — 마음을 정리하는 법 72
37 — 우주화 73
38 — 인간의 도리 75
39 — 생각의 부족 77
40 — 돈에 대하여 80
41 — 동료의 승진 82
42 — '96년을 맞이하며 85
43 — 소설「2000년의 한국」 87
44 — 호르몬 조절 91
45 — 기운이 없을 때 93
46 — 타 수련으로의 이적 95
47 — ○○ 포기공 97
48 — 동료의 의술 100
49 — ○○기공 103
50 — 영혼결혼식 108

51 — 정신적 공황 110
52 — 지역감정의 뿌리 113
53 — 평두 115
54 — 성폭행과 매춘 117
55 — 배우자 120
56 — 대형 사고의 희생자들 122
57 — 초능력은 신명 접합인가 124
58 — 재림주는 있는가 126
59 — 종교의 사명 128
60 — 인간의 영급 130
61 — 보호령 132
62 — 지구 인류의 시원 134
63 — 지구의 기운을 통제하는 능력 136

수련원 개원 이후

64 — 수련 지도 1 141
65 — '98년 새해 아침 145
66 — 수련 지도 2 146
67 — 기공과 심공 150
68 — 작가와의 만남 152
69 — ○존자(尊者)의 표상 153
70 — 호흡의 중요성 156
71 — 하늘의 입장에서 158
72 — ○○감식법 160
73 — ○음법 161
74 — 수련이란 162
75 — 선생의 도리 164
76 — 수련 지도 3 166
77 — 제자의 도리 169
78 — 법의 전달 171
79 — 수련 지도 4 173
80 — 48회 생일 175
81 — 인간의 도리 177
82 — 수련원 개원 180
83 — 남는 부분과 부족한 부분 185
84 — 중화된 냉기 188
85 — 『격암유록』의 10승지 190
86 — 수련생에 대한 문의 193
87 — 나에 대한 문의 199
88 — 가족들의 전생 206
89 — 버거씨병 211

90 — 명命에 대하여 215
91 — 명부命簿 1 216
92 — 자궁 근종 218
93 — 천기누설 221
94 — 꾸지람 225
95 — ○란시아 228
96 — 천도 1 232
97 — 천도 2 234
98 — 중간 점검 1 256
99 — 물物에 대한 공부 257
100 — 아내의 가출 260
101 — 생활과 수련과의 문제 265
102 — 살기 좋은 곳 269
103 — 보호령 1 271
104 — 기운의 역류 274
105 — 전신 마취 275
106 — 부부 수련생 276
107 — 1998년 송년 메시지 280
108 — 새해를 맞이하며 282
109 — 명부 2 284
110 — 땅 매입 건 288
111 — 명부 3 294
112 — 수선재 로고 296
113 — 명부 4 301
114 — 천도 3 303
115 — 에이즈AIDS 305
116 — 중간 점검 2 308
117 — 수술 시기 309
118 — 보호령 2 311
119 — 수련 315
120 — 49회 생일 318

호흡으로 우리는 모두 하나가 될 수 있으며,
호흡으로 일체가 될 수 있다.
나와 우주, 나와 모든 사람들이 하나가 되고
그 하나임을 체험하는 동작이 호흡이다.

1
사고방식의 정리

 자신의 껍질은 수없이 많다. 자신이 살아온 것만큼 많은 껍질이 있는 것이다. 자신의 생각 하나하나가 모두 껍질이다. 그 껍질이 모두 벗겨질 때까지 수련생의 노력은 계속되어야 한다.
 수련이 계속되며 사고방식이 바뀔수록 탈피는 가속되며 진실한 자신을 만날 수 있게 된다. 본성과 만난 이후에도 탈피는 계속된다. 자성과 일치가 될 때까지는 계속되는 것이다.
 본성과 만남은 자신의 허물을 본격적으로 벗기 시작하는 단계이다. 나의 모든 생각이 편견이고 나의 모든 행동이 그 편견에서 우러난 것임을 안다면 다시금 자신의 모든 것을 돌아보아야 함을 알 것이다.
 사고의 폭은 너무 넓어 어느 부분을 취해야 할지 모르는 경우가 있고, 스스로 정확히 선택하였다고 하더라도 더욱 상세히 보면 아직 더 세밀히 생각해 보아야 함을 알 수 있을 것이다. 사고방식의 정리, 이것이 바로 수련생이 참자신을 밝혀내는 과정이니라.

2 편견은 가장 큰 결점

　매일 하는 일이 그것이 그것인 것 같아도 다름이 있어야 한다. 어제와 오늘이 다르고 오늘과 내일이 달라야 한다. 그 다름은 발전적인 변화여야 한다. 발전적인 변화는 보다 나은 자신을 가꾸기 위해 노력하는 데서 나온다.
　가장 큰 결점은 편견이다. 정상적으로 생각을 할 수 없도록 만듦으로써 자신의 중심을 잃게 만든다. 인간의 생각은 항상 어느 곳으로 쏠려 있으므로, 즉 자기 중심적으로 생각하므로 전체적인 중심, 즉 우주의 중심에 가까이 가 있지 못하다.
　따라서 자신의 중심을 우주의 중심에 일치시키는 것, 이것이 편견에서 벗어나 자신을 우주화시키는 것이다. 수련으로 가능하다.

알겠습니다.
　　수련 시 무심은 바로 중심이니라.

3 이진법

언제나 모든 것은 하나이다. 이 하나는 만 개로도 변할 수 있는 하나요, 없는 것으로 보여질 수도 있는 하나이다. 이 하나에서 우주가 창조되었으며 이 하나에서 모든 법칙이 탄생되었다. 이 하나는 천하를 잉태한 하나요, 천하를 낳은 하나이기도 하다.

이 하나를 알면 모두를 아는 것이요, 이 하나를 모르면 하나도 모르는 것이다. 우주는 0에서 시작하여 1에서 끝나니, 사실은 2진법이 이 세상에서 가장 완성된 숫자 체계이며, 2진법으로 숫자는 완성되게 된다.

0과 1은 그것이 둘인 것 같아도 하나이며 하나인 것 같아도 둘이니, 어느 것을 둘이라고 구분할 수는 없는 것이다. 우주는 0과 1이 있고 나서 모든 조화가 이와 더불어 시작되었으니 이에 대한 이해가 없고서는 우주의 이해가 불가한 것이다.

호흡은 이 둘을 나누기도 하고 합하기도 하니 날숨은 1이요, 들숨은 0이다. 1과 0사이에 호흡이 있느니라. 원리니라.

마음의 정리

　어떤 일이든 깨달으면 그 순간 내 것이 되는 것이다. 내 것이 되면 당장 실천이 되지 않아도 언젠가는 필요 시 살아나게 되나, 내 것이 되지 않으면 언젠가 내 것으로 만들어야 한다. 세상만사가 모두 여의치는 않다.
　하지만 알고 나면 모두 여의케 되는 것이다. 여의타 함은 잃든 얻든 마음의 정리가 된다는 뜻이다. 마음의 정리는 수련자로서 가장 필요한 것으로서, 이것을 위하여 수련이 존재하는 것이며 이것을 이루면 수련의 반은 이룬 것으로 볼 수 있는 것이다.
　수련은 모든 것이 정리되고 난 후 다시 세계가 열리는 것이며, 열린 후 다른 세계를 찾아 떠나는 것이다. 마음의 여행은 더없는 자기 성찰과 여유를 가져오며, 이 여유는 더 큰 문제를 발견하기 위한 여유인 것이다.

알겠습니다.

여유는 재출발의 디딤돌이자 추구하는 목표에 대한 성취 기반이니라.

5
진리

　진리와의 거리는 내 안에 진리가 있다는 사실을 모른다면 한없이 멀다. 진리는 내 안에 존재하는 것으로서 내 안에서 모두 찾아낼 수 있는 것들이다. 진리가 따로 있고 내가 있는 것이 아니고, 내가 곧 진리가 될 수 있는 것이니라. 내가 성性과 일치되면 곧 진리인 것이다.
　진리는 우주의 가장 평범한 상태, 즉 변형되지 않은 상태로서 그로부터 모든 것이 출발하게 된다.
　출발이 진리에 의거하지 않으면 모두 소용없게 되는 것이다. 진리는 모든 것의 근본이며 모든 것으로 화할 수 있는 본래의 형태, 즉 무인 것이다. 무이되 유이며 무인 것, 이것이 바로 진리이자 우주의 법칙이자 존재 형태인 것이다.
　우주는 움직이지 않는 것 같아도 움직이며, 변치 않는 것 같아도 끊임없이 변화하고 있다. 이 변화에 합참하는 것이 곧 수련이자 자신의 발전이기도 하니라. 수련은 우주화이다.

6
오늘이 중요

금일이 항상 일생 최대의 날이다. 금일을 놓치면 내일이 없고 내일이 없으면 금일의 존재 가치가 없다. 내일은 인류에게 희망이자, 목표이자, 삶에서 가장 중요한 조건인 것이다.

내일은 우리에게 깨달음과 진화의 가능성까지도 제공한다. 내일을 맞이하는 금일의 자세는 현재의 순간에 가장 헌신적이어야 한다는 점이다. 현재의 순간순간에 해야 할 일을 찾아 충실하게 넘기며 내일을 기대해야 하는 것이다. 내일에의 기대는 오늘의 파워이다.

시간의 연대 고리는 한 가지 선상에서 동일한 목표를 추구하게 되므로 동시에 한 방향으로 쏟아 부을 수도 있다. 강력한 힘의 일방 집중은 상당한 돌파력이 생기는 것이니, 항상 목표를 의식하고 그 목표에 대해 미래를 생각함으로 현재에서 최대의 힘을 쏟아 부을 수 있도록 해라.

7
운은 새와 같다

 이 세상의 모든 것은 다 때가 있다. 때에 하면 한 것이요, 때가 아니면 해도 한 것이 아니게 된다. 이 때란 기와 기운의 일치점으로 운이라고 부르기도 한다.
 이 운은 인간에게 가장 결정적인 영향을 미치는 것으로서, 인간이 어떤 성과를 바라는 일을 하였을 때 긍정적이거나 부정적인 최종 판단을 하여 주는 것이다.
 이 운에 가까이 다가가기 위해서는 항상 자신의 위치를 높일 필요가 있다. 자신의 위치가 운을 잡을 수 있을 만큼 높지 않으면, 운은 인간을 잡고 싶어도 잡을 수가 없는 것이다.
 운은 결코 평범한 일상의 일이 아니며 인간에게는 가장 결정적인 시기에 결정적인 영향을 미치는 것이다. 운이란 새와 같아 잡고 싶다고 잡히는 것이 아니며, 스스로 와야 잡을 수 있는 것이고, 스스로 왔을 때 준비가 되어 있지 않다면 그것마저 놓치고 마는 것이다.
 인간은 자신의 운이 자신의 노력이라고 생각하고 있으나, 실상 하늘의 공평한 기준에 의한 것임을 안다면 나서지 못할 것이다.

알겠습니다.

8 세 가지 운

사람이 이 세상에 태어나서 갖추어야 할 것이 세 가지 있으니, 운과 노력과 몸이다. 이 셋이 갖추어지면 다른 모든 조건은 따라서 갖출 수 있으나, 세 가지 중에서 하나라도 빠지면 다른 조건이 구비되지 않는다.

운 중에서 제일의 운이 수련과 노력운이요, 두 번째 운이 금전운이며, 세 번째 운이 부모운이다. 부모운은 원래 운에 속하지 않는 것이나 여기에 포함하는 것이다.

노력은 본인이 하고자 하는 어떠한 것에 대해서이든 자신이 뛰어야 한다는 것이다. 본인이 뛰지 않고는 아무것도 될 수가 없다. 본인이 뛰지 않고 이루어 낸 것은 본인의 것이 아니며 본인이 뛰어야 본인의 것이 되는 것이다.

몸은 더할 나위 없다. 이 모든 것들이 전생에 영향을 입어 조정된 것들이며, 자신이 향상시킬 수 있는 여지가 있는 부분들이다. 이 세상에서 어느 것이 중요하고 어느 것이 중요치 않음을 안다면 이미 반은 끝난 것이다.

알겠습니다.
 중요한 것으로는 자신과 자신을 이끌어 나가는 것, 그리고 이와 더불어 가능성에 대한 변수가 있느니라.

변화와 진화

 하늘은 항상 맑고 인간의 기분에 의해 개이거나 흐린 것이 아니다. 다만 인간에게 보이는 것은 인간 세계의 반영일 뿐이다. 하늘은 거울과 같이 인간 세상을 그대로 보여주며 그 보여주는 것이 날씨로 나타나는 것이다.
 날씨는 인간이 만든 조건이자 인간이 얽매여 살아가는 조건이기도 한 것이다. 인간과 주변의 모든 환경은 서로 유기적인 체제 내에서 서로 영향을 주고받아 왔으며, 상대가 없이는 모두 존속이 어려운 상태로 존재하여 왔다.
 어느 것 하나 홀로는 존재가 안 되는 것이다. 인간은 자신이 홀로가 아니며 우주 만물의 일부이자 또한 전체일 수 있다는 것을 알면 이미 동화가 시작된 것이다.
 어느 곳에서나 혼자는 없으며, 항상 더불어 있고, 서로 영향을 주고받으며, 앞으로 나가게 된다.
 앞으로 나감에 향상되는 것을 진화라고 하는바, 인간은 이 진화의 책임을 진 개체라고 보아야 하는 것이다. 노력에 의해 결정된다.

알겠습니다.

　　진화는 인간만이 가능한 것이니라. 자연적으로 변하는 것은 변화이며 본인의 노력과 의지로 변하는 것이 진화이니라.

수련의 가속화

 모든 것은 가속된다. 수련에 있어 가속은 갑절로 속도가 증가한다. 2에서 4-8-16-32-64 등 모든 것이 기하급수적으로 증가하므로 그 증가 속도가 남다른 것이다.
 따라서 수련을 멈추지 않는 한 타인이 따라온다는 것은 불가능하다.
 수련은 마음 가라앉히기이며, 이 마음 가라앉히기에 성공하면 다른 어느 요인으로도 번뇌가 일지 않아 항상 상대의 실체를 정확히 파악할 수 있고, 대책을 세워 맞이하든지 피하든지 할 수 있으므로 항상 자신이 이길 수 있는 계기가 된다.
 자신을 이길 수 있음은, 점차 힘의 손실이 없어지게 되며, 자신이 마음먹은 것에 대해서는 언제나 할 수 있게 되기 때문이다.
 모든 것은 마음이 가라앉는 것에서 출발하며, 마음이 가라앉고 나서 모든 것이 시작되는 것이다. 마음이 가라앉는 것은 만사의 근본이니 호흡으로 만들어 보도록 하라.

알겠습니다.
　　가라앉아야 한다. 가라앉아야 하느니라.

11
노력과 진화

　항상 모든 것에서 남달라야 한다는 것은 오만이요, 독선이다. 가장 바람직스러운 상태는 타인과 완전히 똑같아 구별이 안 되는 것이다. 외면적으로 같다는 것이 아니고, 내면이 근본이 같아 구별이 불가한 것이다.
　사람은 모두 같다는 데서 모든 인식이 출발한다. 이런 인식의 한가운데는 참인간의 생각이 흐르고 있어야 하는데, 그 외에 표면까지도 점차 동일한 생각이 번져나가야 한다.
　이 세상은 모두 같으며 그 모두 같은 가운데 표면적인 것이 아닌 본성의 면에서 맑아져야 한다. 근본이 같고 남다르지 않음을 인식한 위에 스스로 진화함으로써 발전해 나가야 한다.
　인간은 어느 동물과도 동일할 수 있으며 어느 신과도 동일할 수 있으므로 인간인 것이나, 동물이 될 수도 있고 신이 될 수도 있는 위치는 상당한 변화의 가능성을 지니고 있음을 말해주는 것이니, 주의하여 노력토록 하라.

노력은 결코 후퇴하지 않는 것이고, 남이 한 발자국 나갈 때 두 발자국 나감은 진화이며 남이 한 발자국 나갈 때 한 발자국 나감은 정상이니라.

알겠습니다.

12
정상이란

    모든 것은 정상이다. 생로병사가 정상이며 일어나고 사라지며 변화해 가는 모든 것이 정상이다. 이 정상의 범위 내에서 인간만이 변수 창출이 가능한 것 역시 정상이며 인간만이 이런 능력을 가진 것 역시 정상이다.
    알아야 할 인간 중 이런 사실을 모르는 사람이 많은 것도 정상이며, 그 중 극소수만이 깨우치는 것 또한 정상이다. 매일 태양이 뜨고 지는 것도 정상이며 싹이 트고 자라는 것 역시 정상이다.
    이 모든 정상의 범위는 인간의 주변은 물론 타 우주의 모든 활동 영역을 포함한다. 우주는 정상이 아닌 것이 없으며 때로는 기준에 어긋나 있는 것처럼 보이는 것도 정상인 것이다.
    인간 세상이기 때문에 가능한 것도 있으며 그래서 용납되는 것도 있다. 모든 것은 정상이되 다만 비정상적인 것은 스스로 밝혀보려는 노력을 할 동기가 부여되지 않아 정체되어 있는 사람들이다.
    인간은 정체 시기가 길면 자생력을 잃어 영원히 그 위치에 머물

수도 있기 때문이다. 정체되면 변수가 유발되지 않는다. 변수는 진화 도중에 발생하는 것이다.

알겠습니다.

호흡은 공기의 공유

　나의 모든 것은 우주의 중심이다. 나의 모든 것은 나의 모든 것일 뿐 아니라, 다른 사람에게도 모든 것이며, 누구에게도 공통된 모든 것이다. 이 모든 것이 전부에게 하나로 느껴지는 방법은 호흡이다.

　호흡으로 우리는 모두 하나가 될 수 있으며 호흡으로 일체가 될 수 있다. 호흡은 공기를 공유하는 것이며, 공기의 공유로 모든 것을 공유하는 것이다. 허나 의식이 열려 있지 않는 한 자신의 아집을 지키려 하므로 공유가 어렵게 된다.

　아집을 지킨다 함은 자신의 범위를 한정시켜 결국 자신을 벗어 버리지 못하게 되고 마는 것이다. 나와 우주, 나와 모든 사람들이 하나가 되고 그 하나임을 체험하는 동작이 호흡이며, 이 호흡은 그 물질적인 혼합만이 아닌 정신까지도 일치를 이루어 낼 수 있는 것이다.

　모두 하나일 수 있으나, 각자의 생각과 과정이 달라 모두 다른 개체화하였음에서 그 나름의 울타리를 볼 수 있는 것이다. 모두 하나가 되어야 한다.

알겠습니다.

14
홀로서라

언제나 사람이 바로 설 수 있는 것은 스스로가 있기 때문이다. 자신은 언제나 자신에 의해 바로 설 수 있는 것이며, 남의 조언은 자신의 의지를 일깨워주는 동기나 지원에 불과한 것이다.

인간은 내부에 심적으로 자립하고자 하는 의지가 있으며, 이 의지에 점화가 되기만 하면 로켓같이 솟아오를 수 있다. 의지 약화의 요소가 쌓이고 쌓인 문명 앞에서 스스로 일어서지 못하게 되므로 자립이 불가해지는 것이다.

자립의 의지는 무엇이든지 가능케 하는 힘이며 무엇이든지 성취할 수 있는 원동력인 것이다. 인간은 자립 의지가 있음으로 인하여 비로소 인간이 된다. 인간은 남에게 기대이기에 앞서 스스로 설 줄 알아야 하며, 스스로 선 후 남을 받아줄 줄도 알아야 하는 것이다.

자립은 언제나 독자적인 힘으로 해야 하며, 남의 도움으로 서는 것은 결국 자립이 못 되므로, 홀로 설 수 있음은 가장 기뻐해야 할 축복 중의 하나이니라.

부끄러움 1

사람은 항상 스스로에게 부끄러움이 없어야 한다. 스스로에게 부끄러움이 없고 나서 남에게도 부끄러움이 없어야 하며 나아가 천지와 우주에도 부끄러움이 없어야 한다.

부끄러움이 없다 함은 죄가 없어야 한다는 뜻이 아니며, 죄가 있더라도 뉘우칠 줄 알고 다시는 전철을 반복하지 않으면 되는 것이다. 뉘우침은 죄가 사해지는 것이 아니라 앞으로 발전적인 진행을 가능케 하는 방법이다.

인간은 잘하는 것보다 뉘우침으로 더욱 진전의 기회를 가질 수 있는 것이다. 부끄러움을 안다는 것은 자신의 행위를 분석할 줄 안다는 것이며, 자신의 행위를 안다 함은 교정할 수 있는 가능성이 이미 발아하였음을 말해주는 것이고, 그 가능성이 있다면 성장시키는 것은 호흡으로 가능하다.

천지에 자연스레 널려 있는 기운을 자연 호흡으로 받아들일 수 있는 양이 일이라면, 정신을 집중한 단전호흡은 천도, 만도 될 수 있는 것이니라. 부끄러움을 발견하고 그 부끄러움을 알고 뉘우치고 반복하지 않음으로, 자신을 정제하여 부끄러움이 없어야 하느니라. 부끄러움은 부끄러워할 일이 결코 아닌 것이다.

알겠습니다.

부끄러움 2

사람은 항상 스스로에게 부끄러움이 없어야 한다. 스스로 부끄러움이 있더라도 하늘에 부끄러운 일이 아니어야 한다. 하늘에 부끄러운 일이라도 인간에게 부끄러운 일은 아니어야 한다.

인간에게 부끄러운 일이라도 자신에게 부끄러운 일이 아니어야 한다. 인간의 운명은 때로 자신을 부끄럽게 만드는 경우가 있다. 허나 자신에게 부끄러운 경우라도 이해가 가능한 내용이면 양해가 된다.

우주를 지탱하고 있는 가장 큰 원리 중의 하나는 이해이다. 이해는 모든 것을 하나로 만들 수 있는 힘이며, 이질적인 요소를 받아들여 녹이는 힘이고, 갈등을 삭이며 원력을 키우는 원동력이기도 하다.

이해 위에서 모든 것은 하나가 되며, 이 하나가 된 위에서 큰 진전이 있게 되는 것이다. 모든 행위에 부끄러움이 없을 수는 없다. 돌아보면 모든 것이 부끄러움이되 다만 이해가 가능한 부끄러움이어야 한다.

　부끄러움 자체는 가장 순수한 인간 마음의 표현이자 양심의 다른 표현인 것이다.

알겠습니다.

부끄러움 3

   사람이 항상 부끄러움이 없을 수는 없다. 부끄러움은 자각에 의한 하나의 현상이며, 자기 존재에 대한 확인 방법 중의 하나이다. 부끄러움은 자신의 부족함에 대한 것에서부터 어떤 행동의 미진함에 이르기까지 정신적, 육체적으로 고루 미치게 된다.
   자부심과 반대로 부끄러움은 또 하나의 발전 촉진 요소로서 인간을 진화시킨다. 부끄러움은 인간에게 자극을 줌으로써 다시 한 번 스스로를 돌아보게 만들며, 이 자극은 또 다른 발전의 원인으로 작용하며 인간을 변화시키는 것이다.
   인간은 신과 같지 않아 많은 부족함이 있으며, 이 부족함을 발견 후 그 부족함을 보충하려는 노력이 상승 속도를 얻어 가속되므로 신의 경지를 넘어서는 것이다. 신의 경지는 보통 인간의 경지보다는 높으나, 자신을 발견하고 피눈물 나는 노력을 한 인간이 도달할 수 있는 수준에는 미치지 못하는 것이다. 인간은 그 자체가 곧 우주이며 또한 도달 목표이기도 한 것이기 때문이다.

금일이 항상 일생 최대의 날이다.
　　　금일을 놓치면 내일이 없고 내일이 없으면 금일의
존재 가치가 없다. 내일은 인류에게 희망이자, 목표이자,
　삶에서 가장 중요한 조건인 것이다.
　　　　　　내일은 우리에게 깨달음과 진화의 가능성까지도 제공한다.
　　　현재의 순간순간에 해야 할 일을 찾아 충실하게 넘기며
　　내일을 기대해야 하는 것이다.

부끄러움 4

　인간에게 있어 수치스러움은 자기 자신을 발견하여 교정해 나갈 수 있는 감각을 살려주는 방법 중의 하나이다. 아무나 자극이 없이 진화하기는 어려우며 자극이 있어도 부족한 점에 대한 자극이 있어야 한다.
　부족한 점에 대한 자극은 자신의 능력의 하한을 끌어올리는 데 동기를 부여한다. 이 동기의 부여로 인간은 노력을 시작하게 되며 편중되지 않게 자신의 내외적인 여건을 변화시켜 나간다.
　남는 부분(+)은 겸손으로 깎아내리고 부족한 부분(-)은 노력으로 채워, 조건 면에서도 평탄하게 하는 것은 마음이 평탄하게 됨에 상당한 도움이 된다.
　조건의 평탄 이후 마음의 평탄은 결국 모든 것의 평탄으로 유도된다. 부족한 점이 있으면서 깨우치는 것은 완전에 이르기에는 미흡한 점이 있다.
　깨달은 부분 자체는 인정되나 부족한 부분은 인간의 몸으로 채위 심신, 조건이 평탄하게 되는 것 역시 중요한 것이니라. 인생은 평탄하게 가는 것이 수련에도 좋은 것이기 때문이다.

알겠습니다.

    드러나 보이지 않음은 중요하다.

자신의 통제

　항상 자신에 의해 자신의 길이 결정됨을 아는 사람들은 자신을 통제함에 전력을 다한다. 자신은 모든 것에 우선하는 가치요, 모든 것을 통제할 수 있는 존재이므로, 모든 것의 시작은 자신으로 보는 것이다.
　자신은 시작이자 끝이요, 과정이니, 자신을 통제함으로써 모든 것을 알 수 있는 것이다. 자신은 모두요, 전체이니 자신을 버리고 이룩될 수 있는 것은 아무것도 없으며, 또한 이룩된다 한들 자신이 없으면 쓸모가 없는 것이다.
　어떤 상황하에서도 자신을 믿으면 가능한 것이요, 자신을 믿지 못하면 불가한 것이다. 자신은 모든 것의 중심이요, 모든 것 그 자체이니, 자신이 얼마나 있느냐에 따라 일의 행방은 달라지는 것이다.
　자신은 모든 것에 우선하는 가치이니 자신을 얻지 못하고 할 수 있는 것은 아무것도 없느니라.

자신만 믿으면 되는지요?

　된다. 자신에 관한 한 자신 이상이 없느니라. 자신만 믿으면 된다.

알겠습니다.

　믿음은 확신이어야 하며 인명을 다하고 천명을 기다려야 하느니라. 또 변수가 발생될 것이다.

도전에 대한 응전

 사람의 일생에는 항상 기복이 있다. 이 기복은 인간을 키우기도 하고 인간을 깎아내리기도 하는바, 모두 자신이 받아들이기에 달린 것이다. 자신이 어떻게 받아들이느냐에 따라 똑같은 관점이 호의적으로도 악의적으로도 비치는 것이다. 모든 것은 같은 현상의 양면이며, 따라서 인간은 한쪽 면이 아닌 반대 면을 볼 수 있어야 하는 것이다. 반대 면의 관찰은 인간에게 전체적인 관점의 생성으로 중립적인 위치에서 세상을 바라볼 수 있도록 해주며, 이것이 인간을 키우는 결정적인 요소로 작용하는 것이다.
 인간은 항상 편중된 시각으로 세상을 보므로 자신에게 유리한 면을 확대 해석하여 왔으나, 실상은 자신에게 불리한 경우도 수시로 있어온 것이다. 도전에 대한 응전은 인간의 성장에 가장 결정적인 요소이며, 자신의 부족한 점을 깨닫는 계기이기도 한 것이다.
 직접 부딪칠 계기가 없는 분야는 간접적으로 경험하며 내것화하는 것, 이것이 과정이니라.

호흡 8

　큰일은 크게 작은 일은 작게 보아야 하는 것이 인간 세상의 일이다. 큰일을 작게 보아도 작은 일을 크게 보아도 모두 그릇됨에 다가서는 길일 뿐이다.

　인간은 원래 천혜의 감각을 지니고 있었으나, 자신의 마음이 형성되면서 여러 가지 그릇된 지식으로 오염됨으로, 본래의 마음으로 세상을 보고 판단하기에는 어렵게 되었다.

　끊임없이 자신을 닦아내고 또 닦아내어 결국은 자신의 본래의 모습을 찾아내는 길만이 원래의 시각을 돌려받게 될 것이다.

　원래의 시각을 돌려받기 전 정상으로 세상을 보는 방법은 마음을 최대한 가라앉히는 길인데 이것은 호흡으로 가능하다. 호흡은 인간의 마음을 정화시키는 힘이 있으며 떠오르는 번뇌 속에서도 지속적으로 정화작용은 일어나게 되어 있다.

　인간 세상에 가만히 있는 것만으로도 오염은 되는 것이나, 이 오염에 대항하여 자정 능력을 갖추어 본래의 모습으로 돌아가는 것,

이것은 지속적인 호흡으로써만이 가능한 것이다.

알겠습니다.
　　호흡을 제외하고는 아무것도 될 수가 없는 것이다.

22
시간의 사용

사람의 일생이란 길고도 짧다. 긴 것 같아도 짧으며 짧은 것 같아도 긴 것이다. 이 느낌의 차이는 본인이 시간 사용을 어떻게 하느냐에서 온다. 알차게 사용하면 긴 것이요, 허술히 사용하면 짧은 것이다. 시간은 누구에게나 똑같은 분량이 주어지지만, 사용하기에 따라 수천 년과 같이 사용할 수도 있고, 수 분과 같이 사용할 수도 있는 것이다. 인간의 삶에서 가장 큰 변수는 시간이다. 시간이라는 변수의 창출은 시간 사용 방법에 의해 나온다.

참선 중 시간 단축 현상(긴 시간을 짧게 느끼는 것)은 인간의 시간 신장법 중의 하나이나 신계의 시간은 본인의 느낌 그대로이다. 신계에서는 시간의 장단이 없으며, 본인이 얼마든지 사용할 수도 있고, 단축시킬 수도 있으며, 늘릴 수도 있는 것이다. 한정된 인간의 시간이므로 알차게 사용해야 할 필요가 있으며, 알차게 사용해도 부족하면, 변수로서 시간을 채워주게 되는 것이다. 시간 사용 요령은 성실과 호흡이 병행하는 것이니라. 알겠느냐?

23
때란

 사람에게는 항상 때가 있기 마련이다. 이 때는 그 사람이 그 일을 해야 하는 시기를 말한다. 이 시기는 사람이 일을 함에 있어서 가장 호기를 일컫는다. 허나 본인의 마음이 바르지 않다면 이 시기로 생각되는 경우가 실기나, 실수의 시기로 비쳐질 수도 있다.
 인간은 자신이 탄생 시 일정한 운을 지정받아 가지고 나오므로, 그 운에 의해 모든 것을 이룰 수 있도록 되어 있는바, 이를 분수라고 한다. 이 분수는 인간이 자신의 능력에 의해 자신이 원하는 분야를 이룰 수 있도록 지정되어 있는 것을 말하며, 이 분수를 넘지 않기 위하여는 무리한 일을 하지 않아야 한다.
 허나 분수의 파악이 늦어짐으로 인하여 인간은 지속되는 단련의 고비를 맞이하고 있으며, 단련 시 받아들여야 할 부분을 놓치므로, 재훈련의 기회가 돌아오게 되는 것이다. 인간은 조용히 자신을 관조하여 그 뜻을 관철하여야 하며, 자신의 능력을 완전히 발휘하고 난 후 큰 깨달음이 오는 것이다.

한계는 없다

인간의 노력에는 언제나 한계가 있다. 본인이 얼마나 노력했든, 조건이 어쨌든, 그 범위 내에서 벗어날 수가 없는 것이다. 그 조건에서 벗어나게 되기 위하여는 자신의 능력의 한계를 겪어보아야 하며 그 한계를 벗어날 수 있는 노력이 있어야 한다.

인간은 자신의 내부에 잠재되어 있는 역량을 대부분 2~8% 이내로 끌어내고 있다. 이 인간의 한계는 자신이 스스로 설정한 한계로서, 자신의 노력으로 가능한 부분을 스스로 포기해 버리는 결과를 가져오는 것이다.

인간의 역량은 때에 따라서 신조차도 놀랄 만한 경우가 있다. 극도의 한계를 초월한 노력을 한 인간의 경우, 그래서 생존 상태에서 신의 위치에 오르기도 한다.

인간 존재의 위대함은 때로 신까지도 초월하는 상태가 되며, 그 상태가 바로 우주화, 즉 깨달음覺, 탈脫로 표현되는 것이다. 인간은 자신의 무궁무진함을 깨닫는 순간 새로운 걸음을 내디딜 수 있으며, 일단 새로운 걸음을 내디딘 이상 그쪽으로 가게 되어 있는 것이니, 자신의 한계를 설정하는 것은 전혀 불필요한 짓이 되는 것이다.

알겠습니다.

    한계는 없다. 인간이 스스로 설정한 것일 뿐이니라.

25
불가능은 없다 3

사람이 어떤 일을 진심으로 원한다면 그 일은 반드시 이루어지도록 되어 있다. 그 일이 상궤에서 벗어난 터무니없는 일이 아니라면, 그것은 상식의 범위 내에서 진행되도록 되어 있고, 그 상식의 범위가 잘못되었다면 그 이전의 원론의 범위 내에서 이루어지는 것이다.

인간의 염念은 상식을 넘어서는 강력한 파워가 있고, 그 파워가 사람을 움직이게 되며, 사람의 움직임이 결과로 나타나므로, 본인이 정상적인 의도를 하였다면 정상적인 결과로 나타나게 되어 있는 것이다.

수련은 어떤 것이 상식이며 정상이고, 어떤 것이 올바른 결과를 도출해내는 방법이냐에 관하여 가장 정확한 노정을 찾아내는 역할을 하는 것이다. 이 노정은 인간의 마음이 정상적으로 이루고자 하는 길을 밟아 나가므로 바로 결과가 도출되게 되어 있는 것이다.

설령 바르지 못한 결론을 유도하고자 한다면 그 바르지 못한 결론이 나올 수도 있으나, 그것은 임시방편이지 오래 이어지지는 않을 수도 있다. 악도 인간 교육상 필요한 것이나, 수련이 진전됨에 따라 그 역할이 바뀌어 점차 중도에 들어서게 될 것이다.

알겠습니다.

　　괜한 걱정보다는 마음을 바로 쓰도록 해라.

26
바라는 바가 있어야

 사람은 항상 바라는 바가 있어야 한다. 바라는 바는 본인에게 부족한 것으로서 이것이 충족되어야 다음 행로를 선택할 수 있게 되어 있다. 이것은 본인에게 필요한 것으로서 필요 이상을 원하면 욕심이나, 본인에게 필요한 만큼 채우는 것은 욕심과는 다른 바 있다.
 부족한 것을 채움으로써 자신의 모든 것을 상승의 경지로 이끌어 올려 영적인 차원을 높이는 것은 어느 모로 보나 바람직한 것이며, 이런 것들이 쌓여 발전이 되는 것이다.
 발전은 무리하지 않는 가운데 오는 것이며, 무리하면 과욕이 되어 오히려 퇴보의 조건을 만드는 것이니, 반드시 무리하지 않는 범위 내에서 추구할 것을 필요로 한다.
 모든 것은 때가 있고 해야 할 일이 있으며, 이 때에 하는 일은 힘겨워도 해야 한다. 힘겨움 역시 공부이자 수련이며, 자신의 저항력과 극기력을 높여 차원 높은 삶을 만들어 가는 것이다. 과욕은 삼

가되 바라는 바는 옳은 방법으로 구하도록 해라.

그리하도록 하겠습니다.

　　과욕은 절대 금물이니라. 정법으로 원하면 모두 채워지느니라.

운명이라는 변수

사람이 하고자 하는 일이면 무엇이든 이룰 수 있다. 이 하고자 하는 일이 자신이 진심으로 의도한 것이라면 어떤 형태로든 이루어지게 되어 있는 것이다.

허나 인간에게는 운명이라는 변수가 있어 이 변수와 인간의 노력이 조화를 이루지 못하였을 때 다른 변화가 일어나게 되어 있다. 이 변화는 인간을 전혀 생각지 않았던 곳으로 인도한다. 이 생각지 않았던 곳은 인간이 원치 않았던 곳이기도 하다.

인간은 원치 않는 상황에 봉착하였을 때 더 큰 것을 배울 수도 있다. 정해진 것 이외에는 모두 정해지지 않은 것이며, 정해지지 않은 것이 대부분이고 정해진 것은 아주 일부에 지나지 않는다.

이 정해지지 않은 부분에서의 배움, 이것이 진정 배움으로 인도하고, 다시 정해진 길로 복귀할 수 있는 저항력을 길러주는 것이다.

인간은 자신이 원하는 목표를 달성키 위해 지정된 루트와 비지정 루트를 동시에 사용하며 갈 수 있도록 되어 있는 것이다. 이 모든 면에서 비지정 수단의 사용은 20% 이내여야 한다.

알겠습니다.

부동심

    항상 마음을 바르게 가져야 한다. 바른 마음은 그 자체가 가장 강한 무기이며 보호구인 것이다. 바른 마음은 그 자체만으로도 우주 최상의 가치가 있는 것이므로 누구도 해치지 못한다. 설령 해친다고 하더라도 순간일 뿐 결국 다시 일어나게 되므로 모든 면에서 영원할 수 있는 것이다.
    바른 마음은 흔들리지 않는 마음이다. 어떤 상황하에서도 흔들리지 않으므로, 상황을 정확히 파악, 판단할 수 있고 정확한 해결 방법을 도출해 낼 수 있다.
    이 부동심은 수련으로 도달하여야 하는 중간 단계이며, 마음에서 짐을 덜 만큼 덜어낸 후에 성취되는 것이다. 부동심의 성취만으로도 이미 반 이상은 도에 근접되었다고 할 수 있다. 도는 나를 찾는 길이며 나를 확인함에 있어 자신만의 파악, 타와의 비교를 통한 분석, 종합적인 고찰로 전체 속에서의 나, 하나가 된 나를 발견하는 것이다. 바른 마음, 즉 부동심만이 높이 설 수 있는 방법이니라.

드라마작가

　드라마는 사람의 마음을 끌고 가는 것이어야 한다. 단편적인 흥미 위주이거나 이음새가 매끄럽지 못한 것, 흐름이 원만치 못한 것은 사람의 마음에 관한 것이 아닌 표면적인 오락거리에 지나지 않는 것이다.
　드라마의 모든 조건을 다 갖추지는 못하되 일부의 조건만이라도 들어 있다면 기본적인 형태는 갖추었다고 할 수도 있다. 허나 사람의 생각이 모두 달라 동일한 주제에 대하여 흥미를 느끼는 사람의 수는 점차 감소되어 가고 있으며, 각자가 추구하는 분야가 달라져 가므로 전체 사람들의 마음을 드라마로 잡는다는 것은 쉬운 일이 아니다.
　일류는 대작 위주이지 인기 위주가 아니다. 영원히 남고 후예들에게 들리고 읽힘으로써 독자가 확보되는 것이지, 반짝하는 인기에 영합하여 자신의 뜻을 그르치지는 않는 것이다.
　일류는 자신의 뜻을 상대가 따라 오게 하며, 이류는 자신의 뜻을 상대와 맞추고, 삼류는 상대의 뜻을 따라가는 것이다. 작가와 청취자(시청자)가 서로 일체가 된 위에서 지속적인 노력이 있다면 함께 하면서도 자신의 뜻을 펼 수 있을 것이니라.

알겠습니다.

여러 종류의 사람

하늘은 사람을 만들고, 사람은 사람을 만들며, 사람이 하늘을 지배한다. 사람은 여러 종류의 천상의 사람이 있고, 천중天中의 사람이 있으며, 지상의 사람이 있고, 지하의 사람이 있다.

사람 중 천상의 사람으로서 세상을 내려다볼 수 있는 방법은 사태를 정확히 바라볼 수 있는 안목이다. 안목 하나로 사람은 천상과 지하로 나뉘게 되는 것이며, 그 안목이 인간의 모든 것을 결정하는 것이다.

안목은 그 사람의 평소 생각, 자라온 과정 등 지금까지의 모든 것이 종합적으로 나타나는 것이며, 판단의 결과를 유도해 낼 수 있는 기준이 되기도 한다.

이 기준은 앞으로 처리해 나가야 할 모든 행로를 결정함에 있어 결정적인 토대가 되기도 한다. 이 토대 위에서 전진이 가능한 것이며, 이 토대 위에서 상승이 가능한 것이다.

인간의 무한한 가능성은 안목이 트이고 아니고에 따른 것이며,

이 안목이 트이고 나면 발전의 속도는 상당히 빨라진다. 안목이 트이면 판단이 가하며, 판단이 가하면 진도가 빠른 것이다.

알겠습니다.

31
하늘의 뜻

하늘의 뜻은 때로 인간의 생각을 벗어나는 경우도 있다. 인간의 뜻은 가만히 있고 싶어도 하늘이 움직이며, 인간은 움직이고 싶어도 하늘이 움직이지 않는 경우이다.

하늘은 하늘의 뜻대로 움직이며, 하늘의 뜻을 통제할 수 있는 인간이 있을 경우, 인간의 뜻대로 가는 것이다. 하늘의 뜻이 전부는 아니며, 하늘의 뜻보다 더 높은 우주의 뜻이 있으므로 우주의 뜻에 가까워지면 하늘의 뜻은 거기에 포함되게 된다.

인간이 우주의 뜻과 동일한 뜻을 가지는 방법은 호흡이며, 우주와 동일한 뜻을 가지게 되었을 경우 사람도 우주화하게 되는 것이다. 우주의 뜻은 인간 본성이다.

인간의 본성은 모두 우주와 동일하여, 참인간은 자신의 내부에서 본성을 발견하였을 경우 곧 우주의 뜻을 갖추게 되는 것이며, 우주의 뜻과 동일하게 되었을 경우 하늘의 뜻을 자신의 내부에 포함할 수 있게 되는 것이다.

우주가 인간과 동일화하므로 하늘이 따라오는 것이며 이 모두의 일체화는 곧 본성 내부의 일이니라.

알겠습니다.

정情은 최종 관문

    인간 세상은 원래 수만 가지 별별 일들이 다 일어나는 곳이다. 이 수만 가지 일 중에는 보통 인간이 상상할 수 있는 것들이 있는 반면, 정상적으로는 인간이 상상키 어려운 것도 있어 이 상상키 어려운 일이 일어났을 때 이것을 예외라고 한다.
    이 예외例外는 우주의 범위 내에서 보면 예내例內이나, 인간의 정상적인 생활 속에서는 예외에 속하는 것이다.
    이 예외 중에서 인간을 가장 당혹하게 하는 것이 정情이다. 이 정으로 인한 사건은 나를 포함한 모두를 끌어들여 섞고, 겪고, 당하게 만들어서 인간의 성숙도를 테스트하고 당락을 심사케 하는 것이다.
    이 정의 통제는 인간으로서는 가장 어려운 단계에 속한다. 정의 통제가 완벽하면 다른 고행은 비할 바가 없으며, 정의 사용을 완벽히 하면 다스리지 못할 인간이 없다.
    정은 마음이 가는 대로 흐르되 또한 법이 아니면 흐르지 않아야 하는 곳도 있어, 여기에서 배운 절제는 만사에 소용이 되는 것이다.

알겠습니다.
    정은 거의 최종 관문이라고 해도 좋다.

33
인간에 대한 하늘의 뜻

인간에 대한 하늘의 뜻은 무엇인지요?

그것이 이제야 알고 싶더냐? 모든 것을 정리하고 하늘의 품에 드는 것이다. 하늘의 품은 넓고 넓어 인간의 모든 과오가 용서된다. 인간의 잘못은 모두 있을 수 있는 것들이며, 그 있을 수 있는 것들이 모여 한 인간의 만사를 구성한다.

총점으로 보면 -가 될 수도 있고 +가 될 수 있기도 하나, 천인天人의 길에 들기 전의 모든 과오는 천인이 되기 전에 모두 갚아야 한다. 인간은 매사가 인연줄에 얽매여 있으므로 실수가 있기도 하고 자신도 모르게 과오를 범하기도 한다.

허나 인간이므로 이해가 되기도 하고 하늘에서 용서가 되기도 한다. 이 용서는 본인이 진심으로 받아들여 회개하고 새로운 길을 걸을 때 이해가 가능하고 용서되는 것이지, 잘못을 진심으로 뉘우치지 않는 상태에서 용서되는 것은 아니다.

하늘은 공평하며 잘못을 그냥 놓아두고 가는 일이 없으므로, 모든 일에 대한 마음으로부터의 참회는 가장 좋은 해결 방법이니라. 왜 잘못이 있더냐?

많사옵니다.

    알면 된다. 모르는 것이 죄니라.

사는이유

왜 살아야 하는지요?

　삶은 인간에게 주어진 가장 값어치 있는 것이다. 명命 중에서 생명의 중요성은 살아 나가면서 터득해야 할 부분을 겪게 만들어 더 한층 발전을 하게 하는 데 있다.

　명은 인간을 성本性으로 인도하는 수단인바, 생명은 명 중에서 가장 강력하고 시간을 단축시키며 단계를 뛰어넘게 만드는 것이다. 명은 아무에게나 내리는 것이 아니며 선별해서 내리고, 생명에서 편안함을 추구하는 것은 정지코자 함이니, 수련의 길에 들었다면 힘겨움을 탓하지 않는 것이 좋다.

　인간은 인간이어야 할 '필요'가 있으며, 그 필요를 충족시키기 위해 그 시기를 보람 있게 보내야 할 이유가 있다.

　항상 인간인 것이 아니며, 불과 60~70년 중 수련에 전념할 수 있는 시간은 20~30년 정도이며, 전일 수련이 가능한 시간은 10년 이내이니 어찌 성에의 접근이 쉽게 가능타 하느냐?

성은 결코 쉽게 오는 것이 아니니라.

알겠습니다.

기운을 모으는 법

기운은 어떻게 모아야 하는지요?

　　기운을 모으는 방법은 다름 아닌 신경 쓰는 곳을 줄이는 것이 첫째이다. 인간의 신경은 한 곳으로 힘을 모을 때 가장 강력하며 돌파력이 있는 것이다. 그런데 이렇게 한 곳으로 힘을 모으는 것은 자신의 내부가 정리되었을 때 가능한 것이며, 자신의 내부가 정리되지 않으면 불가한 것이다.

　시와 때에 구애받지 말고 단전을 중심으로 기운을 오른쪽 즉 시계방향으로 돌리면 기운은 나에게로 모이게 되어 있다. 이 집기술은 대량으로 기운이 필요한 경우에 사용하게 되며, 이런 식으로 계속 회전시키면 점차 기운이 쌓여서 위로 밀어 올리므로 가라앉는 정도로 힘이 빠지는 경우는 면할 수 있으며, 이 단계를 지나면 점차 반석 같은 자리가 생기므로 저절로 기운이 빠지는 것을 막아주게 되는 것이다.

　본인이 먼저 마음을 정리하고 이 방법을 사용해야지, 마음을 정리하지 않고 이 방법을 사용한다면 사실상 효과는 별로 대단치 않을 것이다. 그러나 마음을 정리한 후 이 방법을 사용한다면 그 효과는 실로 거대할 것이다. 마음을 정리한 후 이 방법으로 들어 보아라.

알겠습니다

마음을 정리하는법

마음은 어떻게 정리해야 하는지요?

마음을 정리하는 방법은 다른 분야에 대해서는 추구하지 않는 것이다. 즉 공부면 공부, 작품이면 작품에만 전념하고, 다른 것 즉 부수적인 인간관계 등은 크게 마음을 쓰지 않는 것이다.

모든 것은 그 범위 내에서 굴러가도록 되어 있는 것이다. 한 가지만 잘되면 나머지는 저절로 가게 되어 있는 것이니, 한 가지에만 전념토록 하면 그것이 바로 마음을 정리하는 것이니라.

알겠습니다.

37 우주화

　사람의 일생은 하늘이 정해준 바에 따른다. 하늘은 일정한 틀만을 고집하는 것은 아니며, 여러 부분에 있어 다양한 '운용'이 가능하다. 많은 부분이 본인의 의지에 의하여 가능하다.

　인간은 원래 하늘의 뜻에서 파생되어 나왔으므로, 하늘의 뜻을 거슬러 사는 것으로 보이는 경우와 순응하는 것으로 보이는 경우가 모두 하늘의 뜻의 범위에 있으나, 본인 발전을 위하여 퇴화하느냐 진보하느냐에 관하여는 너무 큰 차이가 있는 것이다.

　인간으로서 진화의 끝은 우주화이다. 인간은 아무리 진화해도 자신이 우주가 되지 못하면 소용없으며, 자신이 우주가 되면 새로운 진화는 우주를 변화(진화)시키는 것으로 되는 것이다.

　자신의 진화 다음에는 우주의 진화인 것이다. 우주의 진화에 가면 끝이 없다. 인간은 하늘이 정해준 바 내에서 긍정적인 방향으로 노력하며 살되, 자신의 역량의 끝까지 성취함으로 우주가 되어야 한다.

우주화는 종점은 아니되 인간으로서 도달할 수 있는 것으로는 끝이라고 할 수 있느니라. 즉, 본성과의 일치이다.

알겠습니다.

인간의 도리

인간의 도리는 무엇인지요?

　사람의 도리는 사람의 도리이다. 첫째가 타인에게 폐를 끼치지 않고 도움을 주는 것이다. 도움을 주되 스스로 피해를 입는 것은 바람직스럽지 않다.

　둘째가 자신이 스스로 돕는 것이다. 스스로 돕는 것은 남에게 피해를 입히지 않는 것 이상으로 중요하며, 스스로 돕지 못하면서 타인을 돕는다는 것은 어불성설이다.

　셋째가 주변 사람을 잘 살피는 것이다. 자신에 관련된 배움은 주변 사람에게서 모두 나타나 있으므로 그대로 잘 살피기만 하면 나의 부족한 점을 모두 메울 수 있다.

　넷째가 도움을 받는 것이다. 도움을 받되 상대에게 부담이 가지 않는 것이다. 상대에게 부담이 가지 않는 도움은 나 자신에게도 결례가 아니다.

　다섯째 스스로 지키는 것이다. 스스로 지키지 못하면 매사가 소용없다.

여섯째 위의 것들을 지키는 것이다. 하나라도 지키기 어려운 것은 없되 위의 모든 것들을 지키지 못한다면 모두 소용없게 될 것이다.

알겠습니다.

쉬운 것이 어려운 것이니라.

39
생각의 부족

저는 앞으로 어찌해야 할는지요?

　수련을 계속해야 한다. 수련은 무엇과도 바꿀 수 없는 절대 명제이며, 수련으로 이미 싹을 틔웠으니 수련으로 결실을 거두어야 한다. 수련은 인간의 시작이자 끝이며 일부이자 전부이기도 하고, 모든 것에서 생겨나 모든 것을 만들어 내는 것이기도 하고, 특히 인간에게 있어 수련은 태어나기 이전에서 먼 훗날까지의 모든 것이기도 하다.

　사람의 모든 것은 수련으로 시작되어 수련으로 끝났으니 수련을 벗어나 어떤 가치를 추구할 수 있겠느냐? 수련에 발 디딘 이상 수련으로 모든 것을 구하고 수련에서 모든 것을 밝히며, 수련에서 모든 것을 처리하는 자세로 임하여야 할 것이다.

　모든 욕심도 수련에서 나왔으며, 모든 결과가 수련에 근거하고, 모든 과정 또한 수련에 있는 것이니, 수련으로 맺은 인연은 수련으로 해결해야 하는 것이니라. 수련은 어떠한 난관하에서도 멈출 수 없는 절대 명제이다.

알겠습니다.

    왜 수련에 대해 의문이 생기더냐?

그런 것은 아니옵니다.

    그럼 왜 묻는 것이냐?

수련으로 가는 길이 어찌 이리 힘든지요?

    그럼 힘들지 않을 것이라고 알고 시작한 것이냐?

그렇지는 않습니다만 이렇게도 힘겨울 줄은 생각하지 못하였습니다.

    그 자체가 생각이 모자라는 것이 아니었더냐?

그런 것 같사옵니다.

    생각의 부족은 무엇과도 바꿀 수 없는 큰 결함이니라. 생각은 온 우주를 덮어야 하며 일순 한쪽으로 가더라도 다른 쪽을 밝혀 다른 쪽을 알고 갈 수 있어야 하느니라.

    생각은 수련을 이끌고 가는 중추이자, 수련의 뿌리이며 줄기, 결과이기도 한 것이다. 모든 것이 생각에서 시작되고 생각에서 끝나며 생각에서 이루어지니, 생각을 떠나서 어떤 것을 생각함은 어불성설이니라. 생각이 온 우주에 미쳐야 하느니라.

도덕은 무엇인지요?

    마음의 통제 수단이다. 인간에게 상하, 좌우, 전후를 구별케 하여, 도리와 자신의 위치를 파악케 하고, 그로 인해 정위치하여, 정사, 정각, 정행에 이르게 하는 방법이다.

알겠습니다.

돈에 대하여

저는 돈을 벌어야 하는지요?

　벌어야 한다. 돈은 능력이 있으면 벌어야 하는 것이 또한 하늘의 뜻이며 돈의 뜻인 것이다. 돈 역시 물건이되 자신의 뜻이 있는 것이며, 이 돈의 뜻도 바로 쓰이기를 원하는 것이다.

　돈이란 물과 같아서 흐르는 데 그 목적이 있는 것이며, 자신이 흐르며 그 흐름과 더불어서 주변의 다른 것도 흐르게 하므로, 인간과 만물의 진화를 이끌어 나감에 그 의미가 있다.

　흐름을 지원해주는 역할은 원래 돈이 아니었으나 점차 인간의 용도에 맞게 변한 것이 오늘의 돈인 것이다. 이 돈은 모두 바르게 흐르고 싶어 한다. 바르게 흐르는 방법은 바로 쓰는 것이다.

　범인의 뜻으로는 바로 쓸 수 없는 경우가 있으므로, 도인의 손에 의해 바로 쓰일 수 있도록 됨이 또한 하늘의 뜻이기도 한 것이다. 벌 수 있으면 벌어야 한다.

　버는 방법은 자신의 방법이 있는바, 너의 경우는 글로 벌어야 자신의 돈이 될 것이며, 다른 방법으로 벌면 자신의 돈이 되지 않을 것이다. 가장 값어치 있게 쓰는 방법 역시 글을 통한 방법이다.

글을 통한다 함은 글을 사용하는 사람을 통하여 쓰는 것이다. 글이란 사람의 역사를 바꾸는 가장 강력한 힘을 가지는 도구 중의 하나이다. 그 도구를 통하여 돈이 나갈 때, 그 돈은 바른 길에서 다시 귀환하므로 자신의 역할을 다 하고 수명을 마치는 돈이 되는 것이다.

글은 인류가 생존하는 한 가장 값어치 있는 도구이다. 이 글을 가까이 하는 것은 인간으로서 가장 바르게 살아가는 방법 중의 하나가 되는 것이다. 글을 읽을 줄 안다 함은 글의 내용을 아는 것이요, 글의 내용을 안다 함은 그 내용을 받아들일 수 있음을 나타내는 것이니, 받아들일 준비가 되어 있는 것과 되어 있지 않은 것은 인간의 자격을 갖춘 것과 갖추지 않은 것만큼의 차이가 있는 것이다.

즉 인간과 비인간의 차이는 글을 알고 모름에서 비롯되는 것이다. 따라서 글을 통하여 돈을 버는 방법은 상중상의 방법이며, 누구에게도 권하고 싶으나 아무나 할 수 없는 것이므로 일정한 사람에게만 권하는 방법이 되는 것이다.

글이라고 다 글이 아니며 살아 있으며 그 뜻이 담겨 있는 것을 하늘에서 '글'이라고 한다.

동료의 승진

박朴의 승진은 어찌 되는지요?

　가능하다. 그러나 본인이 그 부분에 대하여 열의가 부족하므로 안 되는 것이다. 남이 도와서 될 일이 있고 남이 도와도 안 될 일이 있으니 승진에 관한 일은 본인이 열심히 하여야 할 일인 것이다.

　문제는 본인이 승진에 필요한 핵심을 모르는 데 있다. 승진이란 본인의 의사가 있고 나서 다음 절차가 중요한 것이다. 본인의 의사가 있으면 다음 단계는 비교적 쉽게 진행되는 것인바, 본인이 핵심을 짚지 못하므로 더디게 되는 것이다.

　가장 중요한 조건은 본인의 마음을 승진에 전념토록 하는 것이 중요하다. 모든 것은 그 다음인 것이다.

저는 어떻게 지원해야 하는지요?

　방법이 없다. 본인이 해결하여야 하는 것이니 네가 지원할 수 있는 방법은 현재로서는 없는 것이다. 남의 도움은 본인이 방법을 알 때 가능한 것이다.

어찌해야 알 수 있는지요?

　　본인이 다시 한 번 주변을 잘 살피고 자신의 결점을 인정하면 그 때 가서야 길이 열릴 것이다. 길이 열리면 그 때 가서야 네가 도울 방법이 생긴다. 박朴의 결점은 자신의 단점을 인정치 않는 것이다.

　자신이 상당히 닫혀 있음을 인정하고, 열려고 노력하며, 타인이 들어설 자리를 만들어야 모든 것이 재삼 가능하게 될 것이다. 승진을 하게 되면 바로 치고 나가는 방법을 택해야 되며, 일단 후퇴는 더욱 길에서 멀어지는 방법이 될 것이다.

　기회는 자주 오는 것이 아니며 오는 기회를 이미 서너 번 놓쳤으니 앞으로 2, 3회밖에 없다고 볼 수 있다. 기회를 자주 놓치는 것은 바람직한 것은 아니니, 자신의 생에 주어진 기회를 놓치는 일은 없어야 하는 것이다.

　너의 경우는 자신에게 오는 기회를 놓치는 일이 없으니, 어떻게 뛰어야 하는지를 알면 도움이 될 것이다. 사람은 스스로 돕는 것이 가장 큰 도움이며, 그 다음 하늘이 돕고, 남이 돕는 것은 그 다음이니, 자신이 열심히 뛰는 것 이상이 있을 수 없는 것이니라.

알겠습니다.

자신의 주변에 해답이 모두 있으니 그 해답을 찾아 해결토록 해보라고 전해라.

그리 전하겠습니다.

'96년을 맞이하며

새해가 밝았다. 금년은 이제껏의 모든 것을 벗어 버리고 다시 출발할 수 있는 한 해가 될 것이다. 지금까지 나를 둘러싸고 있던 인연의 껍질을 한 겹 벗어 버리고 우주와 바로 부딪칠 수 있는 한 해가 될 것이다.

우주는 언제나 인간을 멀리한 적이 없으며, 인간이 자신의 껍질을 둘러씀으로써 우주를 멀리하였던 것이다. 우주에서 새해의 의미는 인간이 한 걸음 더 자신에게 다가섬으로써 자신의 발견에 한 걸음 더 가까이 간다는 것이다.

시간의 흐름은 일정한 것이되, 구간을 정해 연과 달과 일을 정하고, 이것을 기준으로 수련을 하도록 한 것은, 자신이 걸어갈 길에서 대조해 볼 상대를 주고자 함이다.

지구는 아직 미계발 상태이며 정신력으로 계발될 것인즉, 자신을 계발한 이후 다른 인간들의 정신을 계발하는 것만이 수련자의 할 일인 것이다. 각자의 방법을 사용하여 정신 계발을 돕도록 하라.

한 겹 껍질을 벗었으나 다른 껍질이 또 있는 것이니 금년에도 좋은 결실이 나타나도록 함이 좋을 것이다. 노력하지 않는 자에게는 결코 결실이 있을 수 없는 것이다.

소설 「2000년의 한국」

한국의 정치는 계속 정신없을 정도의 속도로 변해갈 것이다. 정치뿐만 아니라 사회 전반적인 면에서 급격한 변화가 잇달을 것이며, 이것은 한국이 세계의 한가운데로 부상할 수 있는 준비를 갖추도록 가르침을 내리는 것으로 보아야 한다.

한국은 상당한 발전을 이룩하였으나, 아직 중심적인 위치에서 세계를 이끌어 가기에는 부족한 면이 많이 있으며, 이번의 고비로 인하여 상당히 보충될 것이다.

한국은 세계의 중심 국가로서의 면모를 지니고 있었으나, 아직 살리지 못한 것은 기존의 태를 벗지 못하고 있었기 때문이다. 이 태란 구습으로서 이 구습을 벗고 나야 새로운 모습으로 태어날 수 있는 것이며 이 태를 벗어 버리기 위한 움직임은 20~30년 전부터 시작되었으나 아직 결실을 보지 못하고 있는바, 90년대에 들어서 갑작스럽게 속도를 더해 가는 것은 세계의 혼란과 연결 지어서 보아야 한다.

이 세계는 점차 중심을 잃어 가고 있으며, 그 중심을 차지할 수 있는 나라의 부상도 없다. 앞으로 세계의 중심은 힘으로 되는 것이 아니며, 기(에너지)를 통제할 수 있는 능력으로 되는 것이다.

기운을 가지고 있는 것이 중요한 것이 아니고 기운을 통제할 수 있는 능력이 중요한 것이다. 이 지구의 기운을 통제할 수 있는 능력이 한국에서 나오게 되며, 한국이 지구의 기운을 통제하게 됨으로써, 지구의 전권을 다스리는 권한이 한국으로 오게 되는 것이다.

이 권한이 오는 과정에서 한국은 이것을 받을 수 있는 조건을 갖추어야 하며, 이 조건은 사회 각 분야에 대한 정지整地 작업이다. 한국은 한국 하나로서 존재하는 것이 아니며, 세계 속의 한국으로 존재하는 것이다.

세계 속의 한국은 이미 그 존재가 드러나기 시작하였으며, 앞으로 중심국으로서의 위치는 점차 확고해질 것이다. 한국은 2020년경 명실 공히 세계의 중심국이 될 것이다.

국내의 정치적 급변은 2000년 초반부터 하강기에 들어갈 것이며, 2010년까지 정리기에 들어갈 것이고, 정리된 후 세계 내에서 한국의 힘과 위상은 상당한 정도에 다다라야 하는바, 현재의 속도로 가다가는 많은 차이가 발생하므로 시급히 서둘러야 할 필요가 생긴 것이다.

현재 세계에서 한국처럼 민주화를 서두르는 나라가 없다. 우주의 입장에서 보아 지구는 중요한 별이며, 지구에서 한국 또한 중요한 나라이므로, 한국의 발전 과정은 전 우주에서도 간과할 수 없는 중요성을 지닌다.

○○○은 우주의 기운 중 돌파의 기운을 타고 났으며, 따라서 이 돌파의 기운으로 역경을 뚫고 나가 ○○○에게 인계할 것이다. ○○○은 과도 정부를 잠시 이끌 것이며 ○○○을 거쳐 다음 세대로 인계될 것이다.

○○○에 이은 돌파 세대는 ○○○로 끝나며 ○○○부터는 조정 기간을 이끌게 된다. 그 다음 세대는 완만한 커브를 그리는 발전의 대세를 이끌 것이며, 이 발전의 대세는 전 세계가 동참할 수 있는 전반적인 흐름을 주도해 나갈 것이다.

이 흐름은 모두가 함께 할 수 있는 흐름으로서, 전 세계가 이념과 인종 간의 갈등을 떠나서 함께 할 수 있을 것이다. 한국의 '흐름을 이끄는 능력'은 이제껏의 다른 나라들과 달리 마음에서 우러나와 따라오는 방식을 택할 것이므로 반목과 질시는 없을 것이다.

우주는 하나이며 하나는 통일이므로, 한국이 마지막까지 통일을 이루지 못하고 있는 이유는 통일에 대한 가장 실감나는 느낌을 마지막까지 느끼도록 하기 위해서이다.

한국의 통일은 지구 통일의 전제가 될 것이며, 한국의 통일을 시발로 모든 이념이나 체제의 통일이 시작될 것이며, 따라서 통일의 시작은 세계적인 힘을 결집시키는 단서가 될 것이다.

한국은 진정한 세계의 지도국으로서의 위치에 오를 것이며, 이 능력은 우주의 메시지를 수신하는 많은 사람들이 예언하고 있을 것이다. 후천 세계는 이 물질계에서 정신계로의 이전을 말하는 것이며, 따라서 물리력에 의한 지도는 종말을 고하고 정신에 의한 지도가 대세를 이룰 것이다.

정신계는 우주를 말하며, 이 물질계와 정신계는 대립되는 개념이 아닌 물질이 정신에 종속되는 개념인 것이다. 따라서 정신계로의 발전은 물질계의 비중이 적어지는 것이며, 정신계에서 물질이 차지하는 비중을 정확히 인식하는 것이다.

정확한 인식은 사물에 대하여 바른 판단을 할 수 있도록 됨을 말하며, 이것은 사람의 마음이 제자리로 들어감을 말하는 것이다. 한국인은 매사에 허황된 듯 보이면서도 사실은 가장 정확한 길을 걸어왔으며, 따라서 앞으로도 정확한 길을 걸을 수 있을 것이다.

96년 새해 아침 필자가 써본 소설 「2000년의 한국」이다. 천서가 아니라 필자의 당시의 생각을 적은 것이다.

호르몬 조절

인위적인 호르몬 조절은 어떤지요?

인간의 몸을 받은 후 성장과 유지에 필요한 여러 가지 호르몬이 나오는 것은 모두 필요하기에 있는 것이며, 인간의 힘으로 안 나오도록 하거나 나오게 하는 것은 바람직한 것은 아니다. 마음이 조절되면 호르몬도 조절되는 것이다.

성욕과 호르몬은 어떤 관계인지요?

가장 직접적인 관계이다. 호르몬은 인체에 가장 직접적인 영향을 미친다. 마음에도 가장 영향을 미치는 것인바, 이 호르몬의 분비 다과에 따라 인간의 여러 현상이 나타나게도 된다.

성욕은 선계에서도 필요한 것이며 우주를 진화시키는 가장 근본적인 에너지(기)의 일종이다. 불필요하고 필요하고가 아닌 근본적으로 필요한 것이며, 인간에게 내린 가장 축복받은 기운이기도 한 것이다.

이 기운을 어떻게 사용하느냐에 따라 인간의 모습을 진화시키기도 하고 퇴화시키기도 하며, 망하게 하기도 하고 흥하게 하기도 하는 것이다. 인간은 이 성욕으로 인하여 종족 보존에 성공하여 모든 발전의 원동력을 일으켜 왔으며 다른 생물 역시 그러한 것이다.

성욕은 가장 큰 혜택이자 수련을 막는 가장 큰 장애이기도 한 것이다. 따라서 이것에서 벗어나지 못하면 수련이 잘 안 되는 것이다.

기운이 없을때

최근 힘이 빠지는 것은 어떻게 극복해야 할는지요?

　　의지 부족이다. 어떤 일이든 그보다 힘이 덜 드는 것이 있겠느냐? 그보다 힘이 덜 드는 어떤 일을 한들 어떤 보람을 느낄 수 있겠느냐? 사람이 일을 한다는 것은 그만한 힘이 드는 것을 각오하고 하는 것이다.

　더욱이 큰일은 그렇게 쉽게 되는 것이 아니다. 그만한 마음과 현실적인 준비를 갖추어야 되는 것이다. 너의 현재 상태는 아주 기운이 없는 것은 아니나 느낌상으로 기운이 없는 것으로 느끼는 것이다.

　아무런 부담 없이 이러한 일(방송극본 쓰는 일)을 한다면 힘이 날 것이나, 주변의 조건이 부담스러우므로 아무것도 아닌 이러한 정도가 엄청난 부담으로 오고 있는 것이다.

　이러한 경우 수련자라면 힘을 빼고 누워서 자신에게 닥친 일(남편의 실직)을 아주 작은 일로, 별로 힘이 들지 않는 일로 생각한 다음, 단전에 손을 대고 호흡을 하는 것이다.

이러한 호흡을 30분 이상 하다 보면 기운이 단전에 차오르게 되는 것인바, 이 차오르는 기운이 열기로 변할 때까지 기다렸다가 온몸의 이곳저곳으로 돌리는 것이다.

우선 임독맥을 하고 왼쪽 팔, 오른쪽 팔, 왼쪽 다리, 오른쪽 다리로 돌리고, 다시 독맥으로 하여 머리에 모은 다음 서서히 단전으로 내리도록 하여라. 단전의 기운이 식지 않도록 유의하면서 점차로 서서히 운기를 하면 온몸에 다시 힘이 들어오면서 상쾌한 기분이 들 것이다.

이 상태에서 한숨 자고 나면 상당히 체력이 회복될 것이다. 이러한 수련을 하루에 두 번만 해주면 1주일 내에 온몸에 기운이 넘치게 될 것이다. 누워서 하는 방법이니 그리 어려움이 없을 것이다.

운기도 너무 힘들게 하지 말고 서서히 의념으로 하면 잘 돌아갈 것이다. 너무 신경 쓰지 말도록 해라.

그리하도록 하겠습니다.

타 수련으로의 이적

저의 당분간의 이적 문제는 어떻게 해야 할는지요?

슬기로운 일이다. 어떤 것이든 받아들이는 것은 좋으며 수련에 있어서는 더욱 그렇다. 금번 기회는 견문을 넓히는 좋은 기회가 될 것이다. 이번과 같은 견문은 사실상 쉽게 접할 수 있는 것은 아니며, 비교적 어려운 기회라고 할 수 있다.

나이는 어리나 가지고 있으면서 아직 풀어 놓지 않은 것들이 있으며, 그것들이 풀려 나올 것이다. 수련의 길은 다양하며 이 다양함을 모두 하나의 틀에 묶을 수 있을 때 참된 수련의 경지에 오르는 것이다.

이 하나의 틀은 여러 가지 수련을 경험하고 그 수련의 특기를 터득하며, 모든 수련의 장단점을 파악할 수 있을 때 알아지는 것인바, 이 하나의 틀에 들어가지 않거나 연결되지 않는 수련법은 훌륭한 수련법이라고 할 수 없는 것이다.

사람이 마음의 모양이 모두 다르고, 가지고 태어난 육신의 모습이 다르며, 이에 따른 행동이 다른 것은 각자의 수련 방법이 달라야 함을 나타낸다. 허나 각각의 수련 방법을 달리함은 사실상 거의 불가능한 것이며, 이러한 가운데 일정한 틀을 만들고 그 틀에 맞추어 수련한 후, 어느 정도 단계에 올랐을 때 자신의 인연에 따라 각자의 길을 가는 것이다.

 금번의 수련은 이렇게 다양한 수련을 접하여 한 부분을 터득할 수 있는 좋은 계기가 될 것이니 편안한 마음으로 받도록 해라.

알겠습니다.

○○ 포기공

○○ 포기공과 선계수련은 어떤 관계인지요?

○○ 포기공은 선계수련과는 무관한 기공이다. 선계수련은 근본적인 깨달음을 추구하는 수련법이나, ○○ 포기공은 사람의 인체에 대한 접근을 근본으로 하며, 인체에 대한 탐구로 끝나는 것이다.

사람의 인체는 그 자체가 하나의 우주이므로, 인체를 탐구하는 방법도 우주에 대한 모든 것을 알 수 있는 방법 중의 하나이다. 인체에 대한 탐구를 시작으로 하는 ○○ 포기공은 인체에서 시작하여 인체에서 끝난다.

인체는 오묘하여 어떠한 진리도 모두 담고 있으며, 이 진리를 하나하나 알다 보면 어떠한 것도 모두 해결 가능한 답이 나올 수 있는 것이다. ○○ 포기공은 노자老子를 모신다고 하고 있으나, 실상은 그 이전의 경자庚子를 기본으로 하는 것이며, 경자가 이름이 알려지지 않음으로 인하여 노자를 표방하게 되었다.

경자는 인체에 대한 연구로 우주를 깨우쳤던 가장 오래된 인물이다. 중국에서 태어났으나 한족이 아닌 티베트 계열의 사람이었으며, 그 흐름이 중국으로 들어와 한족의 자존심과 관련되므로 중국화하여 노자를 내세우게 된 것이다.

선계수련과는 무관하다. 선계수련의 근본에 대한 깨달음과 달리, 인체에서 깨달음의 근원을 찾으므로 보다 작은 범위 내에서 모든 것을 추구하려 한다. 따라서 기공이라 함이 보다 자연스러운 것이며, 사람들에게 큰 것을 전수해주는 것보다는 작은 것을 구체적으로 설명해 줌으로써 호감을 주는 방법이다.

인체의 부분이 우주의 어느 부분과 어떻게 연관이 있는지를 전체적으로 설명할 수 없음이 이 ○○ 포기공의 맹점이다. 인체란 손바닥에도 우주가 있으며 머리에도 우주가 있고, 발에도 있으며, 발가락 하나하나에도 모든 우주가 있다.

○○ 포기공에서 근본적인 것을 얻으려 말고, ○○ 포기공의 가장 장점인 인체에 대한 것을 얻는다면 그것으로 모든 것을 얻었다고 생각하면 될 것이다. 근본에 대한 접근은 선계수련 이상 따라갈 것이 없다.

인간 세계의 어떠한 수련법도 호흡으로 우주와 동화되지 않고서는 근본에 대한 것을 알 수 없는 것이다. 근본이란 우리가 떠나온 바로 그 자리로서 앞으로 돌아갈 바로 그 자리이며, 우리가 영원히 함께 할 바로 그 자리인 것이다.

이 자리를 잊지 않고 항상 함께 하며 언제나 받아들일 준비를 함은 의식이 항상 함께 하는 것이며, 의식이 함께 함은 호흡으로 우주를 받아들임으로써 가능한 것이다.

○○ 포기공은 중국 한족의 실질적인 면으로 보면 상당히 유익할 것이나, 선계수련의 측면에서 보면 초보 단계에서 배웠어야 할 내용인 것이다. 너의 경우 경락에 대한 것 등은 이미 ○○ 침 등에서 대부분 습득한 내용이므로, 다른 사람의 경우처럼 감동적으로 와 닿지 않을 것이다.

선계수련과는 다른 길인바, 단적으로 논한다면 선계수련은 큰길을 직접 가는 것이며, ○○ 포기공은 인간의 몸을 통하여 우주를 밝히는 기공인 것이다. 깨달음으로 가는 길은 ○○ 포기공으로는 힘들다. 하지만 어느 정도 도움은 될 것이다.

알겠습니다.

동료의 의술

○○ 한의원 원장이 의술을 제대로 펴고 있는 것인지요? 그가 인체를 바로 알고 있는지요?

　인체를 바로 알고 있다. 인체란 오묘하여 어느 정도 공부해서 알 수 있는 것은 아니다. 모든 사람들이 인체에 대하여 아는 것처럼 생각하고 있어도 모두 제대로 알고 있는 것은 아니며, 제대로 알면 감히 손댈 수 없는 것이다.
　어느 부분이고 하늘의 뜻이 없는 곳이 없으며, 인체는 이 하늘의 뜻에 따라 움직이고 있는 것이다. 사람이 이 인체에서의 기운의 흐름을 이어 놓거나 끊어 놓는 것은 감히 하늘의 뜻을 거스르는 것이며, 그로 인하여 인체의 기운의 흐름이 바꾸어진다면 업이 되는 것이다.
　이 업은 정도에 따라 내생에 어떤 환생을 하느냐의 결정 자료가 되는 것이니만큼, 누구에게나 인체의 기운에 간섭하는 것은 가볍지 않은 것이다. 의사는 하늘의 뜻에 바로잡도록 예정되어 있는 것만 손대야 하는 것이나, 대부분의 의사들이 손댈 것과 손을 대지 않을 것을 구분치 못하고 손을 대는 것이니 이러한 업을 어떻게 갚을지 막연한 바 있다.

한韓 원장의 경우 인체에서의 기운의 흐름에 대하여는 어느 정도 알고 있으나 이것이 체계화되어 있지 않으며, 따라서 정리되지 않은 상태에서 사상四象을 여러 가지로 구분하여 오도하고 있는 것이다.

인체에 대한 것, 특히 사상에 대한 것은 하늘이 인간을 만들 때 그 업에 따라 개선의 여지를 가질 수 있도록 구분하여 놓은 것으로서, 그 사람의 분수로 보아 넘치지도 모자라지도 않는 것이다. 그래서 이것을 기본으로 사람의 기운을 치료함은 있을 수 있는 일이나, 마음대로 이것의 분류를 그르침은 업을 쌓는 일이다.

이 업 또한 가볍지 않아 많은 공부를 하여야 할 것이다. 사람의 기운을 이리저리 흐르게 하는 것은 업 중에서도 큰 업으로서, 한韓 원장 정도의 지식으로 기운을 마음대로 분류하여 이러니저러니 하는 것은 아직은 무리이다.

모든 기운의 이동은 호흡을 통하여 이루어지는 것이며, 호흡을 통하지 않은 상태하에서 의식만으로 가는 것은 최단기 수련에나 소용되는 것이다. 100m 경주는 빨리 갈 수 있으나 멀리 가지는 못하는 것이다.

100m 경주에서 호흡이 없이 가능한 것은 더 이상의 기운이 없어도 가능한 때문이나 이 이상 가지 못함도 기운이 없기 때문이다.

의술로 경제적인 것을 추구함은 하중하인 것이니, 의술을 의롭게 베푸는 것으로 하고 마음을 가벼이 가지며, 경제적인 것은 기본적인 선에서 만족하면 모든 것이 편안할 것이다.

금생에 쌓은 업을 씻어내는 방법도 이러한 행동에서 나올 것인즉, 하나하나를 모두 버린다는 생각으로 임하면 자연히 자신의 본성이 구하고자 하는 것이 내려올 것이다.

아직은 자신이 무엇을 구하고 싶은지 알 수 없는 단계이다. 인간으로서 속의 일이 전부인 것 같으나 어찌 속의 일이 전부일 수 있겠느냐? 하늘은 모든 것을 알고 있는 것이니 하늘의 뜻을 알고 있는 대로 행하며 살도록 하라고 해라.

알겠습니다.

○○기공

○○ 기공은 어떤 것인지요?

○○기공은 기공의 강도로서는 정수로서, 기를 강하게 하기 위하여 훈련하는 것에는 상당히 적합한 방법이다. 허나 강한 것을 위주로 하므로 모으는 것에 집착하여 널리 펴는 데는 한계가 있는 것이다.

이 기공은 또한 널리 보급할 수 있는 것은 아니며, 수련이 상당한 경지에 이른 사람이 할 수 있는 것으로서, 초보자가 할 수 있는 것은 아니다. ○○기공은 또한 강도 위주로 나가다 보니 기의 조절에 자유롭지 못한 점이 있어, 먼저 기의 강약을 조절할 수 있는 방법을 터득한 후 수련하면 진퇴를 자유로이 할 수 있으나, 강약의 조절 방법을 모르고 수련하면 강한 방향으로만 치우치므로, 결국에는 그 강함으로 인하여 스스로 수련이 중단되는 위험을 감수하여야 한다.

강함은 ○○에서 배우나 약함은 스스로 깨우쳐야 할 것이다. ○○

기공과의 관계는 너무 깊이 들어갈 것 없고, ○○기공의 집기集氣 강화법만 깨우치면 된다고 할 수 있다.

　기공은 어떠한 것이라도 전체적인 것을 이룰 수 없으며 따라서 도가 아닌 공功인 것이다. 기공이 도에 이르기 어려운 것은 기에 집착하기 때문이다. 기의 한계를 넘어 기를 버려야 얻을 수 있는 것이 도인바, 기공은 기의 단계에서 머무는 시간이 너무 길기 때문에 도의 단계에 이르지 못하고 마는 것이다.

　너의 경우 취하고자 하는 바는 도이며, 따라서 기는 수단적 가치를 지니는 것이므로 수단적인 면에서 모든 기공을 섭렵하면 된다. 따라서 너는 도의 전 단계에서 기를 배우는 것이며, 다른 사람들은 기를 위한 기를 배우고 익히는 것이므로, 목적 자체가 다른바, 어느 정도까지만 함께 갈 수 있는 것이다.

　'○○포'와는 다른 강한 기운이 있으며, 이 기운의 모임을 관찰하여 흩어짐을 알 수 있으면 ○○기공에 관한 비법은 다 배운 것이다. 지금 단계별로 섭렵해 나가는 중이니 하나하나 잘 기록해 놓으면 차후에 큰 도움이 될 것이다.

　주인공은 결국 자신이며, 자신을 위하여 하늘이 공부시키는 과정이니 그렇게 알고 마음의 벽을 허물고 하나하나 배워 놓도록 하라. 네가 찾은 것이 아니고 그 사람들이 찾아온 것은, 그 사람들이 일정한 스케줄에 의해 오고 있는 것임을 알려주는 것이다.

　문학에서 소용되는 부분이 있으며, 너의 모든 것은 결국 문학으로 승부가 결정되는 것이니, 글에서 자신을 완성한다는 자세로 임하면 될 것이다. 기는 기이며, 결코 도가 아니고, 도는 도로써 완성되는 것이며, 도에 관한 것은 하늘로부터 직접 내려올 것인즉, 기에 관한 것을 두루 배워 도의 길에 보탬이 될 수 있도록 하라.

  너는 모든 것이 글로써 펴질 것인즉, 성씨를 문文으로 하여 태어난 까닭이다.

알겠습니다.

· · · · ·
생각은 수련을 이끌고 가는 중추이자,
　　수련의 뿌리이며 줄기, 결과이기도 한 것이다.
모든 것이 생각에서 시작되고 생각에서 끝나며 생각에서 이루어지니,
　　생각을 떠나서 어떤 것을 생각함은 어불성설이니라.
　　　　생각이 온 우주에 미쳐야 하느니라.

50 영혼결혼식

영혼결혼식에 대해 여쭙고자 합니다.

잘하는 것이다. 살아생전의 못다 한 인연이 그런 식으로 연결되는 것이며 생자生者의 의사가 아니다. 생전에 선하게 살았던 사자死者에 대한 하늘의 예의인 것이다. 하늘은 인간의 인연에 대하여 관여하지 않는 바가 없다.

인간의 인연은 하늘의 범위를 벗어날 수 없는 것이며 하늘이 정해준 이치대로 가는 것인바, 하늘이 정해준 이치를 벗어나 벌어지는 일에 대하여는 이치에서 벗어난 후에도 일정한 대가를 받을 수 있도록 하여주는 것이 하늘의 뜻이다.

영혼의 소속은 하늘이나, 영혼결혼식은 하늘에 들어가기 전 단계에서 치러지는 것이며, 영혼끼리 연결된 후 하늘로 들어가게 된다. 하늘에서는 이승에서의 기혼자와 동일한 상태로 처리된다.

미혼인 상태로 하늘로 가는 것과 영혼끼리라도 이루어져서 가는 것은 하늘에서 볼 때 전혀 등급이 다르다. 기혼은 한 단계를 더 넘고 하늘로 가는 것이며, 미혼은 한 단계를 덜 넘고 가는 것이다.

이 한 단계를 넘느냐 아니냐 하는 것은 다음 생에 어떠한 인연을 받을 것인지를 결정함에 있어 결정적인 요소가 된다. 인간으로서 주어지는 배우자는 모두 전생의 인연이며, 금생의 인연으로 주어지는 경우는 없다.

배우자란 서로 갚아야 할 빚이 있는 사람이며, 따라서 한 번의 생에 서로 그 빚을 갚을 수 있도록 해주는 것이다. 하늘의 인연법은 아무리 가벼운 것이라도 거저 오는 것은 없으며 모두 해당되는 과정을 거쳐서 오게 된다.

금생의 모든 인연을 소중히 생각하고 그 인연에 충실하면 내생의 인연 등급이 한 등급 올라가는 것이니 소홀히 생각할 인연이 없는 것이다. 영혼결혼식은 생전의 선함에 대한 하늘의 보답이며 생전의 결혼보다 명예의 면에서는 오히려 나은 면도 있는 것이다.

모든 인연은 다 하늘의 뜻대로 가는 것은 아니나 98% 하늘의 뜻대로 가는 것이며, 나머지 2%는 인간의 뜻도 하늘의 뜻도 아닌 부분인 것이다. 이 2%에 해당되는 것이 영혼결혼식이다.

51
정신적 공황

저의 정신적 상태가 이렇게 힘들어지는 것은 어떻게 생각해야 하는지요?

원래 수련이란 그 자체만으로도 힘든 것이다. 헌데 모든 것을 지고 수련을 더불어 하다 보니 그렇게 된 것이다. 수련이란 원래 극도의 고행으로 이어지는 것인바, 이러한 고행이 아니더라도 다른 고행이 오게 되어 있다.

전적으로 수행만 하는 사람의 경우 모든 것이 수행 과정의 고행이므로 전부 수련으로 생각하게 된다. 그러나 속(俗)에서 수련하는 사람의 경우, 대부분의 고행이 수련이 아닌 일상적인 형태로 오게 되며, 수련은 달리 오는 것으로 생각하여 일상적인 것에서 답을 찾으려 하므로 오류가 생기는 것이다.

수련의 길에 든 이상 모든 것은 속의 일과 구분이 있을 수 없다. 모든 것은 수련이며 수련의 길에서 한 치도 벗어나는 것이 없다. 허나 너의 경우는 너무 짐을 무겁게 생각하므로 심한 마음의 불안이 오고 있는 상태인바, 이것은 스스로 감내해야 하는 것 중의 하나이다.

 당분간 수련에서 벗어나 자신의 의지로 모든 것을 결행하며 가보도록 해라. 자신의 의지로 해보고 나서 다시 수련을 하고 싶으면 하고, 다시 하고 싶지 않으면 안 해도 좋다.

 본인이 그렇게 행동한다고 해서 하늘의 뜻이 바뀌는 것은 아니다. 겪어야 할 일들을 겪지 않고 수련의 길에 들어온 탓에 벗어나지지 않는 부분도 있는 것이니, 속의 일을 더 겪어보고 나서 다시 수련의 길에 든다고 해도 하늘의 뜻은 변치 않을 것이다.

 자유 의지란 수련에 있어 가장 중요한 것이며, 자유 의지가 생기기 전에 수련의 계율에 얽매이게 되면 이러한 일이 생기는 경우도 있는 것이다. 수련이란 극도의 인내를 필요로 하며, 이러한 극도의 인내가 있기 전에 속의 습習을 버리지 못하면 혼란에 휩싸이게 되고, 이 혼란이 지속적인 기의 저하 현상을 불러 일반 의사들의 기준으로 볼 때 우울증 같은 증상에 걸리게 되는 것이나, 우울증은 아니며 심한 기의 정체 현상인 것이다.

 이것에서 벗어나기 위하여는 극도의 수련으로 겪어나가야 하나, 현재의 상태로는 이것에서 벗어나기 어려우므로 당분간 수련의 휴식을 권하는 것이다. 선가仙家의 수련에 비유하면 입산수도에서 벗어나 본래의 자리로 돌아와 속가俗家에서 속가의 습성으로 생활하는 것과 동일한 이치이나, 이러한 방법 역시 수련의 한 방법이므로 한번 권해보는 것이다.

 이 기간 동안은 너무 얽매이지 말고 자유스럽게 어느 정도의 기간을 보내는 것이 바람직할 것으로 보인다. 얼마간 편히 지내보도록 해라. 수련을 의식하지 않고 편히 지내는 가운데 평소 하고 싶었던 일을 하면서 지내보는 것도 괜찮을 것이다.

지역감정의 뿌리

우리나라에서 지역감정의 뿌리를 알고자 합니다.

　지역감정은 인간의 일이 반, 하늘의 일이 반이다. 하늘은 인간이 서로 발전하도록 하기 위하여 각기 다른 의견을 가질 수 있도록 되었는바, 이 서로 다른 사고방식의 가장 근본적인 구분은, 계층이나 연령에 의한 것보다 생각과 지역에 의한 것이 가장 기본적인 것이다.

　동양과 서양이 다르고 남부와 북부가 다르듯, 작은 곳에서도 서로 다른 사고방식을 가지고 생활하고 있으며, 한 사람의 내부에서도 때로는 다른 사고방식이 존재하는 경우가 생기는 것이다.

　이러한 지역감정은 인간의 감정 중 가장 기본적인 것인바, 이것을 발전적으로 승화시키고 못 시키고는 인간의 역량에 달린 것이다. 한국에서는 이러한 지역감정이 다소 부정적인 방향으로 발전하여 왔는바, 앞으로 긍정적인 방향으로 발전시켜 나가는 것은 해당 지역에 사는 사람들의 몫이다.

하늘은 항상 같은 도구를 주어도, 그 도구를 발전 목적으로 사용하는 것과 후퇴의 목적으로 사용하는 것은 인간의 일인 까닭이다.

각 지역의 뿌리를 알고자 합니다.

크게 보면 모두 환웅(우주에서 내려온 사람)이다. 그러나 한반도는 외견상 단일 민족인 것처럼 보여도 사고방식은 각양각색으로서 조선시대의 당쟁을 보아도 얼마나 각양각색의 기질이 있는지 알 것이다.

호남이라고 모두 호남 기질인 것은 아니며, 호남의 일부가 정통으로 환웅의 혈통을 받은 사람들이 살고 있는 것이며, 각 지역에서 정통으로 혈통을 이어받은 사람들이 혼재되어 이미 그러한 구분이 불필요한 시점에 이르렀다.

만주에도 호남 사람들이 살고 있고 부산에도 평양 사람들이 살고 있으므로 이러한 지역적인 면에서의 구분은 실효성이 없어져 버렸다고 할 수 있다. 한반도는 지역적으로 백두산의 정기를 이어받아 모두가 백두산의 기질을 가지고 있었으나, 백두 이북 만주 지역을 잃음으로써 반쪽짜리 기운으로 버티고 있었는데, 다시 허리가 반으로 나뉘어 아주 힘을 쓰지 못하게 되고 말았다.

통일이 되고 만주를 수복하면서 점차 본래의 자리로 돌아가고 강대국이 될 것인바, 백두산을 중심으로 한 전역에 고루 살고 있다고 보면 된다. 일본의 상류층 역시 모두 한민족인 것이니 언젠가는 합병이 될 것이다.

평두

　평두란 무엇인지요?

　　평두란 우주의 파장을 받아들이기 위한 방법 중의 하나로서, 천목이 백회에 가까워지게 하기 위한 노력이었다. 고대 왕족들이 가끔 사용한 이 방법은 인간이 하늘에 가까워지기 위한 방법으로서 수련을 통하지 않고 하늘의 뜻을 받아들일 수 있는 방법을 연구한 것 중의 하나이다.

　그러나 인간이 수련을 통하지 않고 하늘의 뜻을 받아들일 수는 없는 것이며, 설령 그렇게 해서 받아들인다고 해도 수련을 통하여 알아낸 하늘의 뜻보다 더 정확할 수는 없는 것이다.

　인간은 본래 하늘의 뜻을 받아 이를 실천하므로 가장 선인에 가까울 수 있는 신체 구조를 가지고 태어났으나, 이를 이용하지 못함에 따라 동물적인 본능만으로 이승을 살아가는 경우가 많기에 이르렀다.

　허나 범인이 아닌 지도자의 경우, 하늘의 뜻을 받아들일 수 없는 실책은 전체 종족에 대하여 그 이상의 잘못이 있을 수 없는 중대한 결과를 초래하는 경우가 많았으며, 이러한 실책을 범하지 않고 하늘의 뜻을 받아들일 수 있도록 하기 위하여 선조들이 이러한 방법을 사용하여 왔다.

그러나 실제로 이 방법으로 하늘의 뜻을 받아들임에 성공한 예는 별로 없었으며, 수련에 의해서만이 하늘의 뜻을 알 수 있었던 것이다. 인간의 본성은 수련으로써만이 하늘의 뜻을 알고 이를 행할 수 있는 것이다.

기타 수련을 통하지 않고 하늘의 뜻을 받아들일 수 있는 방법은 없는지요?

있었다. 그러나 인간의 모든 방법이 전부 하늘의 뜻을 받아들임에 실패하였으며 오직 수련만이 이를 가능케 하였다. 인간이 물리적인 방법으로 하늘의 뜻을 알 수 있었던 방법은 없는 것이다.

따라서 수련을 하지 않은 왕이 무당을 통하여 하늘의 뜻을 확인하여 이를 전달하다 보니 무당으로 권력 이동이 있는 경우도 있었으며, 이러한 경우는 결코 바람직한 방법이 되지 않으므로 문제 시 되는 경우도 있었다.

수련으로 인한 파장의 저하는 항상 바람직한 결과를 가져왔으나 수련이 힘들다는 점으로 인한 인간의 노력 부족은 어쩔 수 없는 것이다.

알겠습니다.

성폭행과 매춘

성폭행과 매춘은 특히 어떤 의미에서 나쁜지요?

사람의 몸은 마음이 가는 대로 가게 되어 있다. 무엇이든 마음이 가는 대로 하는 것은 속俗의 윤리와는 달리 하늘에서는 죄가 되지 않는다. 최근 들어 크게 말썽이 되고 있는 성폭행은 지구가 존재한 이후 양성兩性간에 우위를 점하려는 성性 전쟁의 일환으로 치러져 왔으며 항상 남성이 우위를 점하여 왔다.

하지만 여권의 신장과 더불어 남성 우위의 기존 가치관이 점차 위협받아 왔으며, 이러한 기득권에 대한 위협에 대하여 일부 남성들의 사고가 비정상적으로 나타나게 되었으니 그것이 바로 성폭행이다.

이런 위기를 슬기롭게 넘기려면 여성들이 직접적인 방법으로 남성 우위의 질서에 대항하기보다는, 간접적으로 우세함을 보여야 한다. 현대의 사고 혼란은 남성들이 느끼는 위기에 대한 반작용으로 보아도 무방하다.

매춘은 원래 타인의 마음을 접하고자 하는 방법의 일환으로 행해져왔던 것이며, 이러한 형태가 점차 지속적인 점유보다 일시적인 오락의 형태로 변천하여 오다 보니 비정상적인 방향으로 흐르게 된 것이다.

성(性, sex)은 인간이 받은 가장 신성한 것으로 옛 인류가 성을 신성시 한 것은 성의 가치를 바로 본 것이다. 성은 끝없이 신성한 것 중의 하나이다. 성보다 더욱 값어치 있는 것이 돈이라는 사고방식은 가장 중요한 것이 무엇인지 모르는 사고의 혼란이 빚어낸 결과이니라.

성이 결코 돈으로 환산할 수 없는 것임은 성에서 생명이 발생한다는 것으로 보아 알 수 있다. 성을 몇 푼의 돈으로 바꾼다는 것은 인간의 몸으로 짓는 가장 큰 죄이며 무엇으로도 반성이 되지 않는 것이다.

인간의 법으로는 며칠간의 구류로 대치가 가능할지 모르지만 하늘의 법으로는 구제가 불가한 죄이다. 마음이 움직여 무분별한 성을 나누는 것도 인간의 법으로 결코 바람직하지 않은 것인데, 하물며 마음도 움직이지 않은 상태에서 성을 나누는 것은 죄가 된다.

그렇지만 매춘과 같은 장치가 없으면 지정된 상대가 없는 남성들의 욕구 분출이 어려우므로 예전부터 일부 허용하여 왔던 것이며, 제도적으로 이러한 임무에 종사하였던 여성들은 하늘의 구함을 받아왔다.

그러나 그 같은 임무의 지정이 없이 매춘을 한다 함은 인간으로

서나 영계에서도 가장 큰 죄임은 분명하다. 성폭행은 더욱이 상대방의 마음이 따르지 않는 상태에서의 행위이고 그 영향이 지대하므로 보다 큰 죄이니라.

특히 정서적으로 자립하지 못한 어린 상대이거나 장애자에 대한 폭행은 결코 후생이 보장되지 않는 행위이다.

알겠습니다.

배우자

배우자는 미리 정해진 것인지요?

그렇다. 배우자란 자신의 부족한 부분을 메우거나 자신의 남는 부분을 덜어내는 역할을 하는 상대방이지만, 항상 보완적인 관계에 있는 것은 아니다. 배우자란 누구를 막론하고 자신의 현생까지의 역할에 따른 결과로서 주어지는 것이며, 이 배우자를 선택하고 아니 하고는 자신의 뜻이 아니다.

선택 후 인간으로서 또 다른 선택을 함은 자신의 뜻이고 변수이지만, 최초의 선택은 자신의 판단이 아니고 하늘에서 결정된 것이니라. 이 세상의 어느 누구도 만족한 부분만을 갖춘 배우자를 선택하는 경우는 없으며, 표면적으로는 만족해 보여도 내용상으로는 항상 불만스런 부분이 있는 것이다.

배우자와의 인연은 영구한 것은 아니다. 서로의 도움을 받아 자녀를 생산하고 자신의 역할을 하며, 부족하거나 남는 부분을 겪어 보도록 함에 부부의 의의가 있다. 인간은 결혼이나 출산 등으로 완성되는 것은 아니며, 자신에 대한 좌표를 인식하고 그 좌표 상에서 나아갈 방향을 설정하여 그 방향으로 나아감을 마무리하였을 때 완성된다.

그러나 이것도 인간으로서의 완성을 말하는 것이며, 수련생의 완성은 도를 깨치고 이루는 것이다. 배우자란 가장 소중한 상대로서 삶에서 가장 필요한 것을 나에게 해줄 수 있는 사람이다.

설령 그것이 괴로움일지라도 그 괴로움은 나의 금생에 필요한 것으로서 겪어 넘겨야만 하는 것이다. 삶에는 희로애락이 절반씩 차지하고 있으며, 그 중에서 희喜와 락樂을 추출하여 바라보며, 노怒와 애哀를 적게 느끼는 사람이 잘 살아간다.

사람은 항상 같은 비율로 다가오는 이러한 마음의 요소들을 편중되게 바라보므로, 마음의 중심이 잡히지 않는 상태로 자신을 몰고 가서 문제를 만들어 왔던 것이다.

배우자란 자신에게 노와 애가 필요한 경우에 그것을 해주기도 한다. 배우자가 안 하면 다른 사람을 통하여 나타나는 까닭이다. 모든 것에 대한 고마움이 있으면 즐거운 삶이 될 수 있을 것이니라.

알겠습니다.

대형 사고의 희생자들

대형 사고의 희생자들은 모두 죽을 운명인지요?

　인간의 삶에는 수많은 변수가 있다. 사고는 그 변수 중의 하나로서 가장 중요한 것 중의 하나이다. 그 중에서 대형 사고는 특히 중요한 변수로서 이 변수로 인하여 자신의 일을 다 끝마치지 못하고 마감하는 경우가 있다.

　사람들 중에서 전생의 연으로 기감이 발달한 사람은 이런 장소의 위기를 느끼고 피하는 경우도 있으며, 수련으로 기감을 터득한 사람 또한 피할 수 있다. 인간적으로는 상당히 유능하고 성숙한 사람일지라도 기를 알지 못할 경우는 기의 이상 유무와 무관하게 행동하므로 사고를 당하는 경우가 있다.

　어떠한 사고든 사전에 징조가 있다. 이러한 기운의 변화는 자연스럽게 주위에 조성되므로 기감이 민감한 사람은 미리 알아낼 수 있으나, 기감이 있어도 자신의 생각이 다른 곳에 미칠 때는 기의 변화를 느끼지 못하게 된다.

이 같은 위기는 수련자의 경우에도 초심자는 한참을 느껴보아도 알까 말까 한 정도이며, 중급자는 한참을 느끼면 알 수 있다. 그러나 대개의 수련자들이 이 위기를 주변의 다른 기와 착각하거나 느끼지 못할 때 문제가 발생한다.

도시의 경우, 각종 전자 장비 등에서 나오는 파장 때문에 항상 위기와 비슷한 기운이 감돌고 있으므로, 대개의 사람들이 감에 둔해져 있는 편이다. 위기는 항상 인간의 마음이 나태한 곳에 나타나게 되어 있으며, 나태한 기운은 평소보다 늘어진 기운을 분출하므로 하늘에서는 반대로 긴장된 기운을 나타내게 된다.

천기와 지기는 상응됨으로써 서로 균형을 유지하도록 되어 있으므로, 지기가 늘어지면 천기가 긴장되어 옛 선인들은 천기를 보고 지상의 변화를 알아 대비하였던 것이다. 사람의 모든 일은 거의 지기의 영향을 받지만 수련이 거듭될수록 천기를 읽고 행동하게 된다.

그러므로 천기가 이상이 있으면 지기도 이상이 있는 것이다. 인간의 기운이 위기를 양산하면 하는 만큼 지기가 반응하거나 천기가 반응하게 된다. 인간으로서 이러한 기운의 변화를 읽고 느껴 행동할 수 있는 방법은, 수련으로 자신을 비우고 천기로 채워 자신의 내부가 천기와 동일한 반응을 얻도록 하면, 모든 면에서 변수를 피할 수 있을 것이니라.

알겠습니다.

초능력은 신명 접합인가

초능력은 자신의 능력인지요? 아니면 신명 접합인지요?

초능력은 어떠한 능력이든 자신의 힘으로 발휘되는 것이며 자신의 것이다. 다만 자신의 역할이 얼마나 있느냐에 따라 구분한다면 육신은 자신의 것일지라도 영적으로는 타인의 것일 수 있다.

인간은 수많은 파장을 받아들일 수 있게 되어 있으므로, 경우에 따라 자신의 파장보다 더욱 강력한 파장의 지배를 받을 경우에는, 그 파장에 종속되어 자신의 파장을 잊어버리는 수가 있다.

자신의 파장을 잊어버리면 다시 되찾기가 상당히 힘들며, 이를 일부 영체들이 이용하여 자신의 능력을 인간계에 보여주는 수단으로 삼기도 한다. 이럴 때는 자신의 능력으로 돌리는 방법은 없다.

영적인 지배를 벗어나면 자신의 본래의 육적인 부분이나 영적인 부분도 손상당하기 쉬우므로 그대로 있는 것이 좋다. 이런 현상은 금생에서 깨달음을 이끌어 낼 만큼 자신의 영적인 면이 강하지 못하여 발생한다.

훨씬 강력한 영체가 맡아서 얹힌 영을 처리해주는 방법(제령)이 있으나 거의 불가능한 인연인 경우가 많다. 초능력은 두 가지이며 자신이 개발한 것은 자신의 것이지만 타 영체에 의하여 자신이 이용당하는 것은 자신의 것이 아니라고 할 수 있느니라.

알겠습니다.

재림주는 있는가

신흥 종교의 교주들이 저마다 '재림주'라고 믿는 이유는 무엇인지요?

모든 신흥 종교의 교주들은 저마다의 사명을 전부라고 알고 있으므로 자신의 사명만을 사명으로 알고 있는 경우가 대부분이지만, 재림주는 없다. 재림주란 우주 그 자체로서 우주 본래의 일정대로 모든 것이 진행되는 것이다.

우주는 항상 모든 것의 중심을 잡아나가는 것이며, 인간계의 일이 옳지 못한 곳으로 쏠렸을 때, 이것을 바로잡아 주는 것은 하늘의 뜻을 받들어 모시는 사람들의 할 일이다. 바로잡는 일이 하늘의 뜻임을 알리기 위하여 재림주라는 단어를 사용하는 것이다.

원래 주宙란 인간의 뜻이 아니라 우주의 뜻이기 때문에 개화의 수단으로 채택되어진 방법 중의 하나이다. 개화란 진화의 단계 중 한층 더 의식을 열어놓는 단계를 일컫는 것이다. 의식의 열림은 일반적인 수련으로는 안 되는 것이므로, 우주에서 한층 더 강한 파장으로 인간의 의식을 열어 모든 것을 받아들이도록 하는 경우가 있게 된다.

  이러한 과정에서 일부 업무를 담당하는 사람들이 자신이 재림주라고 생각하는 경우가 있으나 수련 중임을 나타내주는 것이며, 그 사람의 업무 성격상 그렇게 해야만 자신을 따르는 사람을 개화시킬 수 있을 때는 그렇게 하는 것이다.

  인간 중에서 일부는 상당히 우매한 면이 있어 강도 높은 가르침을 주지 않으면 깨우치지 못하는 경우가 있고, 일부 단계의 사람들에게는 재림주라는 호칭이 잘 주입되는 편이므로 이런 호칭이 널리 사용되고 있다.

  인간의 깨우침을 사명으로 하는 사람들이 많이 있으므로, 이렇게 본다면 재림주는 한두 명이 아니며 여러 명이라도 무방하다. 앞으로는 기존 종교와 같은 절대적인 종교는 나타나지 않을 것이다.

  우주의 본질을 깨우치는 가르침이 나타날 것이며, 이 같은 가르침은 이미 시작된 흐름을 타고 지속적으로 발전하여 나갈 것이니라. 인간들은 자신이 가진 바를 폄에 있어 인색하지 말아야 한다.

알겠습니다.

종교의 사명

종교의 사명은 무엇인지요?

　　종교의 사명은 인간을 개화시키는 것이다. 인간을 개화시킴에 있어 어떤 구심점을 만들어 줌으로써 인간의 개화를 쉽게 하는 방법인 것이다. 인간은 스스로 개화하기가 어려우므로 어떤 동기와 조건이 주어져야 개화가 가능한데, 그것을 조성하는 것이 바로 종교이다.

　종교를 통한 개화 중에는 적절치 못한 것도 있으나, 중근기 이하의 사람에 대하여 가장 적절한 것은 역시 종교밖에 없다. 인류는 종교에 의해 선악을 알게 되었으며, 당위에 대해 알았고, 인간의 도리를 알았다.

　동일한 인간끼리 존경하는 것은 깊이가 없으므로, 깊이 있는 믿음을 가지도록 하기 위해 신격화한 인류로 보이는 영성체를 보내 인간화시켜 가르침을 받도록 한 것이다. 종교란 그 자체가 역시 인간 사회의 한 분야이므로 내부에 선악을 가지고 있고, 그 선악이 인간들에게 가르침의 기준이 되는 것이다.

  종교라고 무조건 선하다면 인간들이 따르기가 어려우므로, 선악의 비율을 인간 사회보다 약간 다르게 조정한 것이다. 종교는 선의 비율이 70%, 악의 비율이 30% 정도로 되어 있다.

  인간 사회는 선과 악의 비율이 50%씩으로 되어 있다. 인간들은 항상 선과 악의 중심에서 양측을 비교하여 조정하며 마음공부를 하도록 되어 있으며, 이러한 과정을 거침으로써 성숙한 인간이 되어 가는 것이니라.

알겠습니다.

인간의 영급

인간의 영급을 평가하는 기준은 무엇인지요?

　사람이라고 모두 사람이 아니며 인간이라고 모두 인간이 아니다. 인간은 인간의 모습을 한 것과 무관하게 영에 의해 등급이 구분된다. 따라서 인간의 모습은 인간의 범주에 들었음을 최소한도로 표시해주는 것이지만, 그 안에 사람다운 사람, 사람답지 못한 사람, 사람의 값어치를 못하는 사람이 있는 것이다.

　사람은 육신과 영으로 구성되어 있어, 육신은 영의 지배를 받으며 영은 육신을 통하여 나타나게 된다. 따라서 그 사람의 영에 대한 등급은 영계의 파장으로 구분하면 즉각 구분이 가능하지만, 인간의 시각으로는 구분이 불가하다.

　인간의 영급은 크게 세 가지로 나뉜다. 상중하로 나뉘며 그 상중하가 다시 상중하로 구분된다. 상상은 사실상 신으로서 우주에 동참한 단계이며, 상중은 거의 신에 가까운 단계로서 수련이 상승의 경지에 다다른 단계이고, 상하는 인간으로서 신이 될 수 있는 상당한 가능성을 지니고 끊임없이 노력하는 단계이다.

중상은 인간으로서 수련에 상당한 관심을 가지고 자신의 역할을 다 하고 살며, 다음 생에는 수련의 인연이 주어지는 인간이고, 중중은 인간으로서 수련 언저리에서 인간 본래의 모습으로 의식만 가지고 살아가는 인간이다.

중하는 인간의 최소한도의 몫을 처리하고 살아가는 사람으로서, 작은 것을 알아도 다 안 것 같은 착각 속에서 사는 사람들이다. 인간으로서 사기꾼이나 아는 체하는 사람들이 이 부류에 많이 있으며 가장 위험한 인간들이니라.

하상은 심성은 착하나 자각이 없이 그저 살아지는 대로 살아가는 사람들이며 의식이 없다. 위법이나 위규는 없으나 발전 의지가 없으므로 더 이상의 진전도 없다. 하중은 착한 것도 아니며 악한 것도 아니므로 주관이 없이 그저 그렇게 살아가는 사람이며, 하하는 인간의 모습을 갖추기는 하였으나 사실상 인간의 역할을 하지 못하고 살아가는 사람들로서 겉모습만 인간인 경우이다.

사람이라고 모두 사람이 아니며 인간이라고 모두 인간이 아니다. 수련에 드는 경우는 중상품 이상에 속하는 인간으로서 자각이 있어야 한다. 잔재주를 수련으로 생각하는 경우는 본래의 수련에 포함되지 않는다. 본래의 수련에 충실함은 자신을 찾을 수 있는 가장 큰길이다. 본래의 수련이란 호흡을 말하는 것이니라.

알겠습니다.

보호령

보호령은 어떤 분들이며 지정은 어떻게 되는 것인지요?

보호령이란 자신을 살피고 가꾸어 주는 영체이다. 처음엔 조상인 경우도 있고, 다른 사람인 경우도 있으나 대개가 자신과 가까운 영체이다. 상근기이면서 자신의 영체가 스스로 수련이 가능할 만큼 자라지 못한 상태에서는 반드시 다른 영체의 도움이 필요하다.

그러므로 수련 시에는 다른 영체가 인도할 수 있는 단계까지 도움을 받아 가면서 가게 된다. 영적인 성장이 진전되어 스스로 수련이 가능한 경지에 이르면 보호령이 본래의 자신으로 바뀌었다가 나중에는 자신으로 일원화된다.

이 때는 보호령의 도움을 받는 것이 아니라 다른 영체들과 함께 본성의 길로 들어서게 된다. 본성의 길에 들어서기까지 수련생은 자신이 인식하든 못하든 보호령의 도움을 받아 나가게 된다. 본성의 길은 수련을 하고자 하는 사람이 찾아 헤매는 길이다.

보호령은 스스로 나서는 경우도 있고, 하늘에서 지정되는 경우도 있지만 명확히 지정된 것은 아니며 상황에 따라 그때그때 지정된다. 수련이 시작되어 영체를 식별할 수 있을 때 나타나는 보호령은 조상인 경우가 대부분이다. 조상 중에서 선계 수련을 가장 많이 한 후 영계로 돌아간 영체가 맡는 경우가 90% 이상이다.

수련을 한 조상이 없는 경우에는 인근의 다른 영체들이 도움을 주기도 한다. 이 경우 수련의 진도는 수련을 하였던 조상의 도움을 직접 받는 것보다 늦다. 또한 수련에서 보호령으로부터 기적氣的으로 영향을 받을 경우에는 도움을 받지 않을 때보다 훨씬 빠르다.

조상의 경우는 기적인 도움이 조건 없이 오며, 자신의 모든 기운을 실어주므로 상당한 도움을 받는 경우도 있다. 그러나 조상이라고 모두 그런 것은 아니며, 다른 영체에게서 더 좋은 기운을 받는 경우도 있다.

수련생 개개인의 역량에 따라 자신을 이끌어 주는 보호령이 지정되는 것이다. 이것은 보호령의 욕심대로 되는 것은 아니며, 영계의 공정한 실력 평가에 의해 지정되므로 일체의 잡음이 있을 수 없느니라. 영계란 인간계의 가장 모범적인 집단이라고 보면 된다. 그렇지만 악계惡界의 경우에는 반드시 공정한 게임만 있는 것은 아니기 때문에, 인간의 상상을 불허할 정도의 난전亂戰이 벌어지기도 한다.

마음속에 다른 기운이 있고 수련 과정에서 원하면 악계로 갈 수도 있느니라.

지구 인류의 시원

지구 인류의 시원은 어떤 인류인지요?

    지구 인류의 시원은 지구인이다. 지구는 원래 문명의 정도가 높은 별이었으나, 지금은 예전의 문명의 절반에도 미치지 못하고 있는 실정이다. 지구의 예전의 문명은 태양계 내부에서는 그런 대로 이동이 가능한 수준에 도달해 있었다.

    그러한 과학의 발달에도 불구하고 천재를 이기지 못하여 퇴보를 계속함으로써 현재의 상태가 된 것이다. 지구인의 시원은 과학이 발달한 인류였으며 그 인류가 남아 현재의 인류를 발달시킨 것이다.

    지구의 인간은 전부 당시 인류의 몸을 빌어 태어났으며 그로 인하여 현재의 과학 문명을 이룩하기에 이르렀다. 그러나 인간의 몸은 당시 지구에서 살아남은 인류의 몸을 통하여 환생을 거듭하였으나, 정신 즉 영혼은 우주에서 이식되었다.

    그 이식 과정에서 일부는 제대로, 일부는 본래의 뜻에 어긋나게 이식됨으로써 현재의 상태가 된 것이다. 이와 같은 과정을 통하여 지구의 정신세계는 항상 균형을 이룰 수 있도록 되어 있기 때문에 지구인의 진화에 도움을 주게 된다.

긍정적인 것과 부정적인 것이 절반 정도씩 섞여 있기 때문이다. 인류는 부정적인 것을 보고 배워 긍정적인 방향으로 나가는 것을 목표로 하고 있으므로, 현재의 상태는 인간에게 가장 바람직한 상태라고 할 수 있느니라.

지구 인류의 시원은 영적으로는 우주의 선진화된 인류의 도움을 받긴 하였으나, 육신상으로는 고대의 인류이다.

알겠습니다.

지구의 기운을 통제하는 능력

지구의 기운을 통제하는 능력이 한국으로 오는 이유는 무엇인지요?

모든 기운은 한국으로 온다. 한국은 우주의 기운을 받아들이는 중심지이며 이 중심지에서 모든 기운이 뻗어 나가므로 한국이 자연스럽게 중심이 되는 것이다. 한국은 지리적으로 대단한 위치에 있지 않은 것으로 보이지만, 백두산과 한라산의 중심에 수도가 위치하였으며, 이 수도의 기운이 500년 이상 자리를 잡아 서울을 중심으로 다른 기운이 중첩되어 성장하도록 되어 있다.

서울의 지형은 우주에서 보아 대륙과 해양의 가교 역할을 충분히 할 수 있도록 되어 있으며, 이 역할을 위하여 주변의 여러 나라에서 한국을 기웃거리도록 되어 있는 것이다. 현재 서서히 뻗어가고 있는 국세는 점차 지구의 반구를 덮고 그 이상에 기운을 미치며 다른 나라들에게 가르침을 내릴 것이다.

영적인 가르침이 물질적인 것과 다름은 현재의 지적知的인 가르침의 근본이 영적인 부분에서 나옴을 보면 알 수 있을 것이다. 우주 인류의 시원이 여러 가지였던 것처럼, 지구를 통제하는 기운도 여러 가지이나, 이 기운의 중심을 한국이 차지하게 된다.

한국에 최상급에 속하는 정신문명을 개척해 나가는 사람이 수명 있음이 이 사실을 말해준다. 우주의 기운으로 태어나는 사람은 우주 기운으로 생활하게 된다. 우주 기운은 인간의 영적인 부분을 계발하게 되므로, 이런 사람이 몇 명 있게 되면 인류의 영성 개발에 가속도가 붙게 된다.

한국의 지리적 위치는 해양으로부터 오는 위협을 일본이 막고, 대륙으로부터 오는 기운을 중국과 러시아가 막아, 한국은 사실상 지구에서 가장 안전한 구역에 있다고 할 수 있다.

어느 나라를 막론하고 한쪽이 취약하지만, 한국은 사방이 고르게 강화되어 있으며 남향만 열려 있는 형국이므로, 이 지세에서 기운을 모아 남향으로 분출하면 상당한 기운이 들어옴과 동시에 국력이 폭발적으로 성장하게 되어 있다.

한국으로 기운이 오는 까닭은 주축主軸이 남남동으로 열려 있어 그 방향으로 기운을 접하고 끌어올 수 있기 때문이다. 동남향은 원래 선계의 기운이 들어오는 방향이니라. 우주의 어머니의 방향이다.

알겠습니다.

수련원
개원
이후

수련지도 1

『선계에 가고 싶다』를 내기 전부터 자연스럽게 인연이 되었던 20여 명의 수련생들을 지도하고 있었다. 본성에게 문의.

저의 행로

너의 행로는 지금 가장 바로 가고 있는 것이다. 모든 면에서 중심이 잡혀 있는 상태이며, 이대로 가면 가장 원숙한 경지로 갈 수 있는 것이다. 다만 힘겨운 부분이 있어 가끔 다른 생각이 드는 것은 어쩔 수 없는 인간 본연의 생각인 것이니, 그것 역시 정상적인 생각이라고 할 수 있다.

글을 통하여 가는 것은 누구나 할 수 있는 것은 아니다. 가장 선도해야 할 위치에 있는 사람이 할 수 있는 것이요, 이 위에 있는 것이 수련으로 가는 것이다. 수련이란 이 세상의 모든 것과 함께 어울려 갈 수 있는 것이며, 모든 것을 통합하여 갈 수 있는 것이다.

너의 인연은 단순한 것 같으면서도 단순하지 않다. 속俗의 인연으로 받은 부모 형제나 자녀와의 인연은 그대로 유지하되, 그 외의 수련상의 인연은 거듭하여 만나고 헤어짐이 있을 것이나, 우선 지금 네가 수련을 지도하고 있는 사람들과의 만남에 대하여 논한다.

현재 만난 사람들과의 인연

지금 만난 사람들과의 인연은 모두 이어지는 것은 아니다. 현재 만난 사람들 중 20% 정도만 인연이 유지될 것이다. 이 20%를 지도함으로 인하여 너의 할 일은 끝나게 될 것이다. 너의 말을 알아들을 수 있는 사람은 계속 유지가 될 것이며, 말을 알아들을 수 없는 사람은 함께 수련을 할 수 없게 될 것이다.

수련법

수련법은 결국 마음공부이다. 기로 하는 것은 마음공부를 하기 위한 기반 조성으로 필요한 것이며, 결국은 마음으로 갈 수밖에 없는 것이다. 마음은 생각한다고 되는 것은 아니며, 기운이 조성되고 이 기운이 마음으로 연결될 때 진실로 마음공부가 되는 것이다.

기운의 길, 즉 기맥이 열림은 마음을 열 수 있는 기반이 되는 것이며, 이 마음을 열 수 있는 기반이 조성되고 나서 마음공부에 들어가는 것이다. 따라서 구체적인 것은 그때그때 생각해가며 하면 될 것이다. 사람마다 가는 길이 다르며, 수련상의 지도 방법도 다른 것이니, 개별적으로 당시의 상황에 따라 지도하면 될 것이다.

기운의 사용

기운은 현재는 자신의 기운이다. 너의 기운은 이미 선생님(자신의 본성)을 통하여 하늘에 연결되어 있으며, 따라서 자신의 기운을 이용하면 된다. 단전의 기운을 사용하지 말고 하늘의 기운을 자신을 통하여 바로 흘러내려 가도록 하면 될 것이다.

단전의 기운은 본인을 위하여서만 사용하고, 하늘의 기운을 수련생에게 연결시켜 주는 방향으로 하면 된다. 선계의 다른 선생은 필요 없으며 결국 자신의 기운으로 가면 될 것이다.

주의할 점

수련생들 중에 말귀를 바로 알아들을 수 있는 사람이 흔한 것이 아니니, 가벼운 말을 해보아서 말귀를 잘 알아들을 수 있는 사람들에게 점차 깊은 마음공부의 지식을 넣어주면 될 것이다. 동일한 말을 해도 바로 알아들을 수 있는 사람이 있고, 바로 알아들을 수 없는 사람이 있으니, 서서히 접근을 허용하며 서로의 입장은 반드시 엄격한 사제간의 관계를 유지토록 하여야 한다.

사제간이란 이승에서는 물론 이승을 떠나서도 가장 가까우면서도 어려운 관계인 것이니, 그러한 관계는 서로 가림 없이 모든 것을 털어놓으면서도, 존경의 느낌이 확실한 마음가짐이 바탕이 되어야 하는 것이다. 말은 조심하는 것이 제일이요, 말을 조심하면 행동은 따라서 조심하도록 되는 것이다.

아직은 눈이 다 열리지 않았다. 수련에서의 개안開眼이란 우주를 보고 우주를 알며 우주를 느낄 수 있는 단계를 말한다. 우주를 느낀다 함은 자신의 기운으로 모든 것을 수용할 수 있어야 함을 말하는바, 거리낌이 있어 수용이 되고, 안 되는 것은 아직 확실한 개안이 안 되었음을 가리키는 것이다.

기준은 분명하되 모든 것을 수용할 수 있어야 한다. 아직 완전한 독립을 하기는 어렵다. 90% 정도는 혼자 하면 될 것이요, 나머지 10%는 선계에 문의가 필요할 것이다. 그때그때 적절한 답이 있을 것이니라.

'98년 새해 아침

 무인戊寅년은 말 그대로 무서운 기세로 차고 나가지 않으면 안 되는 해가 될 것이다. 이미 호랑이의 등을 탄 형상形象이 되어 버린 해로서 앞으로 나아가는 것만이 살아 나가는 길이 될 것이다.
 이러한 해에 잘 살아가는 길은 열심히 뛰는 길밖에 없다. 모든 것을 다른 해보다 두세 배 열심히 하면서 살아가야 할 것이다. 지금까지의 힘겨움은 금년에 비하면 아무것도 아닌 가벼운 일이며 이런 때일수록 마음을 합쳐 나가는 것이 필요하다.
 수련에 있어서도 다른 해보다는 몇 배 열심히 하여야 할 것이다. 너는 이미 씨앗을 뿌리는 작업에 착수하였으니 금년에는 그 배양에 앞서야 할 것이다. 가끔 수련에 대하여 문의하는 사람들이 있으면 우선 호흡에 전념할 것을 강조하고, 이 호흡이 궤도에 오르면 정신 수양하는 법을 가르쳐 주도록 해라. 정신은 모든 것을 옳게 하는 것에서 시작되어야 한다.

66
수련 지도 2

수련에 있어 인당의 역할은 무엇인지요?

다른 혈은 모두 기의 왕래가 가능하나, 인당은 나가는 곳이며 들어오는 곳이 아니므로 어려운 점이 있다. 인당은 기의 사출이 가능하며 일정한 상대에게 기의 발사도 가능한 곳으로서, 수련의 단계에 따라 대포와 같은 강력한 사용도 가능한 곳이다.

자신의 의지로 기를 외부로 방출할 경우 내보내는 곳이 인당이며, 이 인당의 사용은 수련자의 단계가 일정 단계 이상 올랐을 때 가능한 것이다. 보는 것은 인당이 아니고 ○○ 바로 ○에 있는 또 하나의 눈으로서 이 눈이 열렸을 때 기적氣的인 모든 것이 보이게 되는 것이다.

이 기안의 개안법은 자신의 의지보다는 외부적인 자극이 차지하는 비율이 많으며, 내부와 외부의 비율이 3.5:6.5 정도가 되는 것이다. 외부의 자극은 자신의 주변을 에워싸고 있는 환경이다.

수련에만 전념할 수 있는 분위기는 가장 자신을 부드럽게 하여주며, 따라서 외부의 위협이 없으므로 눈이 잘 열리게 되는 것이다.

초보자의 경우 무엇을 주의해야 하는지요?

　　　기가 집중되면 여러 가지 현상이 나타난다. 자신도 모르게 어떠한 형상이 나타나는 것에 대하여는 모두 버리도록 하라. 특히 예지 능력이 생기기를 기원하는 것은 가장 시험에 들기 쉬운 것이다.

　인간의 경우 미래를 내다보는 것은 한정되어 있으며, 30% 이상 확신을 갖기가 어려운 것임은 누구의 경우를 보아도 알 수 있을 것이다. 이러한 특이한 능력은 정통 수련자에게는 가장 금기시되는 것 중의 하나이며 원해서도 안 되는 것이다.

　수련생의 경우 자신이 깨닫는 것이 먼저이며, 자신이 깨닫고 나서 우주화하는 것이 다음이며, 우주의 발전에 이바지하는 것이 다음임을 알아야 한다. 수련을 지도하는 사람이 직접 인간의 일에 개입하여 방향을 수정하고 닥치는 일을 편하게 해주려고 하다가는 업장에서 벗어나기만 더욱 힘들어지는 것이다.

　절대 다른 사람의 일에 편법으로 대응하는 일이 없도록 해야 한다. 따라서 수련생이 겪는 일에 대하여 마음가짐을 바르게 함으로써 바로 갈 수 있도록 해야 한다.

본격적인 수련 지도에 대하여 여쭙고자 합니다.

　　　정말로 네 마음에 거리낌이 없느냐?

없습니다.

  진정 거리낌이 없느냐?

없습니다.

  정말 없느냐?

없습니다.

  좋다. 그러면 해라. 하되 모든 것은 하늘의 일이지 누구의 일이 아니다. 하늘의 일을 함에 망설임이나 주저함이 있을 수 없다. 하늘의 일은 자신의 일인 것이다. 하늘의 일을 내가 대신하는 것이 아닌, 나의 일을 내가 하는 것이다.

  하늘은 나이며, 내가 하늘인 것이지, 하늘이 따로 있고, 내가 따로 있는 것이 아니며, 선생이 따로 있고, 내가 따로 있는 것이 아닌 것이다. 모든 것은 하나이며, 그 하나 안에서 일어나는 일인 것이다.

  하늘을 봄에 거리낌이 없는 것은 그것이 바로 나이기 때문이다. 하늘은 곧 자신自信이요, 자신自身이며, 나이고 우리인 것이다. 하늘의 뜻은 곧 나의 뜻이요, 나의 뜻은 곧 하늘의 뜻인 것이다.

  하늘의 뜻이 따로 있고, 나의 뜻이 따로 있는 것이 아니며, 모두 한 뜻인 것이다. 인간이 모두 어느 정도 이상의 등급에 속한다면 이러한 뜻을 가르칠 필요가 없었을 것이다. 하늘이라고 해서 일정 수준 이상의 영들만 있는 것은 아니며, 하늘 역시 한편에는 몰상식하고 몰염치한 악령들이 있는 것이다.

  그러나 우리가 지향하는 바는 바른 길이며 따라서 우리가 가고자 하는 곳은 바른 길인 것이다. 격에 어울리지 않는 인간이 있다면 호흡으로 금생을 가다듬도록 해주고, 격에 맞는 인간이 있다면 호흡과 기운의 변화로 자신의 길을 찾아갈 수 있도록 하여 주는 것이 도를 펴는 사람의 입장에서 해야 할 일인 것이다.

  멀리한다고 멀리되는 것도, 가까이하고자 해서 가까이 되는 것도 아닌 그저 그만큼의 자리에서 자신의 길을 가고 있음이나, 깨인 영으로 밝음에 다가갈 수 있도록 하여 주는 것이 먼저 간 사람의 도리이니라.

알겠습니다.

    망설임은 곧 포기를 의미하는 경우도 있느니라. 주저함이 없는 자신감만이 살려 줄 수 있을 것이다.

알겠습니다.

  이때부터 나는 확신을 가지고 수련 지도에 임했다.

기공과 심공

다른 사람은 기 공부氣功이나 너는 마음공부心功를 하는 중이다. 이미 다른 사람과는 단계가 다르다. 허나 전에 한때 함께 공부한 인연으로 너의 진가를 몰라보고 있는 사람들이 있을 것인즉 괘념치 말아라.

세상은 아주 잘하는 사람의 경우, 70% 정도 알아주면 잘 알아주는 것이니라. 기 공부만 해도 쉽다. 기란 것은 감각이 예민한 사람은 금방 느끼는 것이므로 몇 명의 선도자만 만들면 쉬운 것이다.

허나 마음공부의 길은 눈에 보이는 것이 아니므로 절반도 못 알아보게 되는 것이니라. 절반은커녕 1/3, 1/5도 못 알아보는 경우가 왕왕 생기는 것이다. 그러나 서운해 할 것 없다. 원래 이 공부의 길이 그러한 것이며 그러한 길을 나가며 자신이 공부하는 것이다.

이번의 일도 다른 사람을 수련시키는 것이 아니라 네가 수련을 하는 것이다. 자신의 수련에 다른 사람이 들러리를 서는 것은 아니며, 서로 자기의 길을 가는 것이나, 이렇게 때에 맞추어 서로 맞물려 가는 것이다.

　우주의 일은 이렇게 절묘하게 서로의 일을 자신의 일처럼 엮어 나가며 공부를 하도록 한다. 누구의 일이 아니며, 자신의 일임을 알고 마음 편히 갖도록 하라. 마음에 두고 싶지 않은 일도 있을 것이나, 그러한 일이 있을 때마다 극복이 되므로 오히려 자신의 값어치를 확인하는 동기가 될 것이다.

　모든 것은 심공 단계를 나가며 서로의 역할을 하고 있음을 알고 마음 편히 하거라. 하늘이 내려다보고 있으니 다 너의 뜻대로 될 것이다.

감사합니다.

작가와의 만남

〈정신세계원: 98.1.20 19:00-21:00〉

함박눈이 펑펑 쏟아지는 무척 추운 날이었다. 뜻밖에도 많은 인원(150여 명)이 참석하여 성황을 이루었다. 이 날의 질의응답 내용은 도서출판 수선재에서 녹음CD로 만들어 판매하고 있다.

○존자尊者의 표상

인사드림.

숲이 있고 길에는 눈이 깔려 있다. 산 속으로 들어가 아주 작은 암자 앞에서 선다. 암자 안으로 들어가니 동굴이 있다. 입구는 좁았으나 들어가 보니 안은 꽤 큰 동굴이다. 큰 방만 하다. 동굴 안으로 들어간다. 동굴 안 좌측에 커다란 아궁이가 있다.

불이 벌겋게 타고 있는 아궁이다. 불길 뒤에 불길에 가려 잘 보이지 않는 아궁이가 있다. 아궁이를 통하여 들어가니 아래로 구멍이 연결되어 있다. 의외로 크다. 사람이 걸어서 내려갈 수 있을 만큼 큰 동굴이다.

각도는 70도 정도로 상당히 가파른 길이다. 동굴의 옆은 용암처럼 벌겋게 빛나는 뜨거운 암석으로 되어 있는데, 보통 사람이면 벌써 타서 죽었을 것이나 열기가 느껴지지 않는다. 몸의 자동 온도 조절기가 작동하는 탓인 것 같다.

계속 달팽이 모양으로 돌며 급경사의 계단으로 된 수없이 먼 길을 내려가던 중 통로를 따라 아래에서 화염이 급히 치솟아 오른다. 올라와서 밖으로 피하며 보니 형틀에 찍어서 막 구운 듯 연기가 나며, 열기가 뻗치는 9색 ○○ 덩어리가 손바닥에 놓여진다.

길이는 약 60cm, 직경 10cm, 양쪽의 굵기가 같으며, 중간에 용의 무늬가 깊숙이 패어 있다.

무엇입니까?

천지 ○존자尊者의 표상이다. ○○ 침이라고 한다. 필요 없을 때 의식으로 축소하면 바늘만 해지니 가지고 다니면 된다. ○존자임을 보여 줄 때만 본래의 크기로 보여 주도록 하라. 너는 이제 천상과 지옥의 ○존자 중의 한 사람으로 등록되었으며, 이것으로 천지의 영靈을 다스릴 수 있다. 주의해서 하도록 해라.

어찌하여 이것을 제게 주시는지요?

필요할 것 같아서이다. ○존자는 아무나 되는 것은 아니며, 우주의 법통을 이어받을 수 있는 사람만이 선정되는 것이다.

어떻게 사용하면 됩니까?

그냥 매일 수련 시 마주 보는 벽에 앉아서 약간 올려다볼 만큼의 자리에 걸어 놓고 있다고 생각해라. 스스로 알아서 필요한 기운을 보충해 줄 것이다. 이것이 있다는 것만으로도 사람이 있든 없든 잡귀는 범접을 못한다. 앞으로 주변의 영들이 모두 복종을 하도록 될 것이다.

감사합니다.

　고마울 것 없다. 당연한 것이다. 우주의 법도는 고마울 것도, 안 고마울 것도 없이 모두 당연한 것이다. 그러나 고맙게 생각하는 그것은 더욱 큰 것을 얻을 수 있는 마음가짐인 것이다.

알았습니다.

　앞으로 ○○의 일에 대한 회의에 참석할 수 있으며, 하늘나라 어디든지 출입이 가능하다.

감사합니다.

　고마울 것 없다. 잘 쓰도록 해라.

알았습니다.

70
호흡의 중요성

　호흡은 만물을 있도록 하는 근본이다. 호흡이 없이 존재할 수 있는 것은 이 세상에 아무것도 없다. 우리가 무생물이라고 알고 있는 바위나 돌조차도 호흡으로 인하여 존재하고 있는 것이다.
　우주는 살아 있는 생명체이며, 이 살아 있다 함의 기준이 바로 호흡인 것이다. 동일한 분자와 원자로 구성되어도 호흡이 없으면 죽은 것이요, 호흡이 있으면 살아 있는 것이다. 호흡은 이 세상 만물의 모든 것을 만들고, 유지하며, 발전시키는 등 모든 작용을 하는 근본이다.
　이 근본 위에서 모든 것이 태어나며, 자라고, 열매를 맺고, 사라지는 것이다. 이렇게 중요한 호흡을 우리는 어떻게 하여 왔는가? 그저 기계적으로 주어진 호흡만 하여 왔다. 호흡이란 인간의 의지와 결합하지 않으면 아무런 변화력을 지닐 수 없다.
　그저 자연의 이치에 따라 살다가 갈 뿐, 호흡을 자신의 발전에 연결시킬 어떠한 수단도 발견되지 않는 것이다. 그러나 호흡을 인간의 의식을 깨우쳐 줄 수 있는 수단으로 이용하면 자신과 주변에 엄청난 변화를 가져올 수 있다.

이 변화를 바람직한 방향으로 이끄는 것 역시 호흡이다. 호흡으로 인한 변화 중에는 중도에 의식을 잃음으로 인하여 호흡을 하지 않은 것보다 못한 결과를 가져오는 경우가 있다. 그러므로 호흡을 하는 도중 잡념에 빠지는 것은 수련생으로서는 극히 좋지 않은 행동이라고 할 수 있다.

호흡은 모든 수련의 기초이며, 이 과정을 어떻게 마쳤는가 하는 것은 자신의 수련이 어디까지 갈 것인가를 결정하는 가장 중요한 요소이다. 이 수련은 호흡으로 기운이 보충되지 않으면 중도에 포기할 수밖에 없는 것이며, 중도에 포기하지 않으려면 지속적인 단전 집중적 호흡으로 기운을 보충하여야 한다.

따라서 한 호흡에 10보~100보를 갈 수 있는 힘을 비축하는 것이 필요하다. 호흡이다. 호흡만이 수련을 가능케 해줄 것이다. 우주의 기운은 그 기운을 사용할 줄 아는 사람이 사용하는 것이다.

감사합니다.

71
하늘의 입장에서

언제까지 그렇게 수련을 할 수 있겠느냐?
　　금생은 물론, 언제까지나 그럴 것입니다.

수련을 해서 무엇을 얻겠다는 것이냐?
　　자신을 찾고자 해서입니다.

네가 누구인 줄 알고 있느냐?
　　하늘인 줄 알고 있습니다.

네가 어찌 하늘이냐?
　　하늘은 자신을 찾은 사람인 것으로 알고 있습니다.

자신을 찾았다고 어찌 하늘이라고 하겠느냐?
　　자신을 완전히 찾으면 우주가 되는바, 그 전 단계로 하늘이 되는 것으로 알고 있습니다.

그렇다. 하늘의 입장에서 판단하고 처리하도록 해라.
    알겠습니다.

생로병사의 바다에서 인간들의 고해를 바라보는 것은 깨달음의 가장 큰 방법 중의 하나이니라.
    알겠습니다.

○○ 감식법

○○ 감식법은 어떤지요?

　나름대로의 한 방편이다. 사람에 따라 적당한 사람이 따로 있는 것인바, 주로 허약한 사람이 사용하면 좋다. 정상적인 사람의 경우 별도로 취할 필요는 없으며 특별한 수련 목적으로 사용할 수는 있다.

　원래 기와 기는 서로 혼합되어 하나의 완성체를 이루는 것인바, 따로 분리하여 취한다고 해서 어떠한 변형을 이루는 것은 아니나, 신체적으로 불완전의 정도가 심한, 즉 기가 편중되어 있는 경우 기의 보정을 위하여 한 번쯤 사용해 볼 필요가 있다.

　모든 사람들이 조금씩 기가 편중되어 있기는 하나, 음양의 경우 30% 정도까지는 정상으로 보며, 50% 이상이 되면 호모, 성전환 수술을 받는 사람 등이 된다. 평상시에는 전혀 무용이며, 정상적인 사람에게 권하기 좋은 방법은 아니다.

○음법

○음법은 어떤지요?

사람이 가지고 있는 능력에는 다양한 등급이 있다. 인간으로 일상생활에 필요한 수준에 그치는 경우와, 인간 이상의 즉 선계 수련으로 하늘을 알고 하늘이 되고자 하는 사람의 경우는 애초 등급이 다르다.

이러한 과정에서 개이법開耳法 중의 한 가지가 ○음법이다. ○음은 수련의 근본적인 방법은 아니며, 과정에서 한번 해보는 것인바, 수련 중 들려오는 모든 소리를 듣다 보면 나중에 자신만이 들을 수 있는 소리가 있음을 알게 되는데 이것이 바로 자신의 소리이다.

자신의 본성의 소리일 수도 있고, 나 자신의 마음에서 우러나오는 소리일 수도 있다. 한번 서너 달 정도 해보면 재미있을 것이다. 나쁘지는 않으나 기가 축적되어 흔들리지 않을 수 있을 때 해야 하며, 축기가 충분히 되지 않았을 때에는 안 하는 것이 좋다.

74

수련이란

수련이란 무엇인지요?

　사람의 사는 길은 반드시 한 가지만 있는 것은 아니다. 한 사람이 동시에 서너 가지 직업을 가지는 경우도 있으며, 여러 사람이 한 가지 직업을 가지게 되는 경우도 있다. 모든 것이 일치할 수는 없으며, 사람과 사람의 능력에 따라 모두 다르게 나타나는 것이니만큼 인생에 있어 분수를 안다는 것은 참으로 중요한 일이다.

　분수란 자신이 타고난 것이며 이것보다 더 이루는 방법은 수련 밖에 없다. 자신의 본바탕을 바꾸고, 자신이 걸어온 길에 대한 평가를 바꾸며, 자신이 앞으로 나아갈 길에 대한 평가를 바꾸는 것은, 마음자리의 근본적인 변화로 자신에 대한 모든 것을 바꾸는 것 밖에 없는 것이다.

　이 마음자리의 교체는 수련 중에서도 심법 즉 마음공부를 제대로 하는 것이니, 수련에 들어서도 중급자의 수준 이상을 넘어야 가능한 것이다. 중급자라 함은 이미 마음가짐이 수련을 하여야 한다는 것에서 더 이상 흔들림이 없는 상태로서, 수련 중의 흔들림은 있어도 수련의 필요성에 대하여는 더 이상 의문이 없는 단계의 사람들을 말한다.

사람들이 대개 자신을 잘 모르므로 최초 수련은 자신을 확인하는 것에서 시작하여, 자신을 알고 난 후에는 이 수련으로 자신을 벗어나는 훈련을 하는 것이다. 자신을 벗어난다 함은 마음으로 벗어나는 것이며, 마음으로 벗어남은 진정 자신을 벗어나는 것이라고 할 수 있다.

이 세상의 모든 사람들 중에서 기본 수련을 할 수 있는 하근기에 해당하는 사람이 약 30%, 그 중에서 본수련에 들 수 있는 사람이 약 5%(전체의 1.5%), 수련으로 벗어날 수 있는 사람은 그 중에서 0.1% 정도라고 할 수 있다.

이것도 본인의 노력 여하에 따라 벗어날 수 있다는 것이지, 그냥 벗어난다는 것이 아니다. 수련이란 따라서 쉽지 않으며, 그 쉽지 않은 대가로 주어지는 것이 자신과 우주에 대한 지식이며, 예정된 자신의 길에서 벗어나 우주와 동일체가 되는 것이다.

이 수련이란 자신이 행하기도 쉽지 않거니와 자신이 한 것을 타인에게 전수하는 것도 쉽지 않다. 그러나 하늘의 일은 항상 모든 것이 공부임을 생각하고 임한다면 큰 결과를 얻을 수 있을 것이다.

앞으로 많은 사람들을 수련시킬 수 있는 기반을 조성하여야 하는바, 좀 더 엄격함이 요구될 것이다.

선생의 도리

선생으로서의 도리는 어떤 것인지요?

　선생은 우선 흔들림이 없어야 한다. 선생이 흔들리면 모든 것이 흔들리고 중심이 잡히지 않을뿐더러 그로 인하여 마음까지 흔들리게 되기 때문이다. 수련의 목적 중의 하나는 자기 자신의 위치를 찾는 것이다.
　자기 자신의 위치를 찾음으로써 그곳에서 자신의 길을 알아내고 그 길을 통하여 깨달음의 길로 가는 것이다. 깨달음에 가는 길은 절대 남의 길로는 갈 수 없다. 자기의 길로만 가능하다.
　자기의 길은 자신이 가장 잘 안다. 중도에 자신의 길에서 벗어나면 거기서 수련은 끝나게 되어 있다. 자신의 길이란 본인이 있어야 할 자리에서 수련으로 깨고 나감을 말한다. 주변의 조건이 모두 본인의 수준에 맞추어져 있는 것이지 누가 한 것이 아니다.
　그 자리에서의 이탈은 곧 수련의 포기를 뜻한다. 옮기는 경우가 있기는 있으나 모두에게 심적인 빚이 없고서 가능한 것이며, 심적인 빚이 있는 상태에서는 결코 완성이 불가하다.

모든 심적인 빚을 정리하고 가벼운 상태에서 이선離線을 함은 본인의 발전을 위해 엄청난 기여를 할 수 있으나, 타인에게 심적인 부담을 남겨 둔 상태에서는 절대 이선은 하지 않는 것이 좋다. 한 번 옮기고 나면 이미 복구가 불가하다.

어떻게 해서라도 자신의 자리에서 마무리를 하고, 빚이 없이 나갈 수 있도록 할 것을 요한다. 속俗에서 수련 중 처자를 버리고 입산함이 완성으로 갈 수 없는 가장 큰 이유 중의 하나이니라. 세상에 빚이 없어야 한다.

알겠습니다.

수련 지도 3

수련 지도는 어떻게 해야 하는지요?

성심으로 해야 한다. 지도받기보다 지도하기가 더 힘든 것은 상대방에게 이쪽의 뜻을 전달하는 데는 이쪽의 성의가 더 중요한 까닭이다. 이쪽에서 장난으로 하면 저쪽도 장난이요, 이쪽에서 진지하면 저쪽도 진지하다.

진리란 반드시 큰 곳에 있지 않으므로 작은 것도 진지하게 전달할 수 있어야 한다. 작다고 해서 가볍게 받아들이고 크다고 해서 크게 받아들이는 것은 수련생의 태도가 아니므로, 지도는 반드시 받아들일 수 있는 사람에게 받아들일 수 있는 방법으로 함으로써 상대방이 소화시킬 수 있도록 해야 한다.

어떤 일을 해도 이쪽의 진심이 전달되지 않는 경우가 있는데, 그것은 이쪽의 책임이 더 크다고 할 수 있다. 상대방의 정신 자세가 받아들일 수 있는 상태가 아님에도 주었던 측의 책임인 것이다.

어떤 말이라도 가벼이 하지 말고 말을 할 때는 반드시 그 의미를 새겨 보는 버릇을 들이도록 해라. 의미를 분명히 밝혀 상대방이 오해의 소지가 없이 2차, 3차 전달이 가능토록 확실히 이해시켜 주고, 전달에 따라 의미가 변질되지 않도록 할 것을 요한다.

전달받는 사람은 반드시 사전에 검토를 거치도록 해라. 사람에 따라 받을 수 있는 양이 다르기 때문이다.

알겠습니다.

선생이란 무릇 한낱 티끌 같은 움직임도 의미가 있어야 한다. 별 뜻 없이 어떤 행동을 한다면, 타인이 보기에는 그 뜻이 없는 것으로 보이지 않고 의미가 있는 행동으로 보이므로 억측을 불러 일으킬 소지가 있어, 작은 행동도 이유가 있어야 함이 필요하다.

행동이란 그 사람의 의사 표시라고 보는 입장에서는 모든 것에 의미를 부여함이 당연한 것이다. 한낱 티끌 같은 것도 함부로 행하지 말 것이다. 우주의 법칙은 이유 없는 것이 없다. 인간의 행동은 그 자체가 잡스러운 생각이 많이 지배하고 있으므로 행동도 잡스러운 면을 많이 지니고 있는바, 차후엔 행동 하나하나에도 의미가 부여될 수 있도록 해라.

모든 면에서 허튼 면이 없어야 한다. 바람 부는 것, 풀잎 하나 날리는 것도 이유가 있다. 그런 면에서 인간이 행동에 있어 이유 없는 부분이 가장 많다. 생각과 아울러 행동 하나하나도 헛디디는 것이 없도록 하고, 그 행동의 정확도가 90% 이상 되면 또 다른 세계에 들 것이다.

항상 행동을 유의하고 작은 것에 조심토록 하라. 사람들이 지켜보는 것은 본인의 생각과는 다르다. 이제는 행동도 도인스럽게 할 수 있도록 하라.

제자의 도리

제자의 도리는 어떤 것인지요?

분별이 없어야 한다. 스승의 말은 100% 수용하고 일단 따라가 보는 것이 필요하다. 스승의 말이라고 해서 100% 옳지는 않다. 옳지 않은 이유는 다 이유가 있기 때문이다. 100% 옳은 것은 본인만이 가능하다.

본인의 생각이 생기기 전에는 따라 하고 본인의 생각이 생기면서부터 판단의 여지가 있게 되는 것이다. 호흡에 있어서는 판단의 여지가 없는 절대 명제이다. 이것은 언제까지나 끊어질 수 없고 잊을 수 없는 부분이다.

실생활에 대해서는 본인이 판단을 해야 할 부분이 많이 있는바, 이 부분에서 시험에 들게 된다. 실생활이 모두 테스트인 것은 아니나 하나하나 정확히 판단해서 처리해 나가는 것이 깨달음에 가까이 갈 수 있는 방법이 된다.

가장 정확한 판단은 본인만이 가능하다. 스승도 문제를 푼 후에

다만 지켜볼 뿐이므로 답을 가르쳐 달라고 하는 것은 그 문제에 대한 포기이다. 설령 만점을 받지 못하더라도 본인의 사고방식의 범위 내에서 최선을 다했다면 그것으로 좋은 성적이 나오게 된다. 인간으로서 만점은 거의 불가하나 항상 최선을 다함으로 만점에 가까운 점수가 나올 수 있다.

말 한마디, 눈빛 한 번도 어설프게 흘리는 일이 없도록 해야 한다. 이 세상은 별 의미가 없이 돌아가는 것처럼 보이는 것도 있으나, 사실은 모래나 먼지 한 알조차도 상당한 의미를 가지고 있는 것이다. 하물며 사람의 행동이나 마음이 가는 길이 어찌 큰 영향이 없을 수 있겠느냐?

사람 중에는 행동이 짐승만도 못한 경우가 있음은 그 기운의 범위가 자신의 내부(본성)에까지 미치지 못하여 자신의 행동을 제어하지 못하는 약한 경우이고, 자신뿐 아닌 주변의 타인에게까지 영향을 미치는 것은 그 사람의 기운이 크기 때문이다. 기는 맑아야 한다. 맑은 기로 타인에게 영향을 미쳐야 한다.

바른 이치로 접근하려는 움직임은 어디에서 보아도 맑다. 그 맑은 기로 타인에게 영향을 미쳐야 한다. 탁한 기는 다시 본인에게 돌아온다. 탁한 기는 반드시 돌아오며 맑은 기는 멀리 퍼지게 되어 있다. 일단 맑은 기의 생성 능력이 생기면 계속 생기게 되어 있으나, 자리가 잡히는 단계에서는 솟다 말다 하는 경우가 있으니 자리가 잡힐 수 있도록 노력할 것을 요한다. 항상 마음을 가라앉히면 맑은 기운이 솟아나오게 되어 있다. 호흡으로 가라앉혀라.

법의 전달

법의 전달에 유의해야 할 점은 어떤 것인지요?

　무릇 법이란 가야 할 곳에 가야 하는 것이니, 안 가야 할 곳으로는 가지 않아야 하는 것이다. 법이 미치는 곳에는 모든 것이 바로 설 수 있어야 하며, 법이 있고 나서는 선악의 구별이 확실해져야 한다.

　모든 속인들에게도 적용되는 것은 아니나, 수련 중인 사람들에게는 점차 모든 것이 맑아지면서 선악이 정확히 구별되어 판단이 되고, 악은 줄이고 선은 늘리며 모든 것을 평정하는 작업 또한 수련인 것이다. 후에는 선도 악도 없는 세계에 들게 되는바, 그곳이 우주이니라.

　혼의 세계에서는 확실한 선악의 구별을 요하며, 자신이 판단해서 헤쳐 나가야 할 부분이 50%에 이른다. 수련 진도가 나간 것만큼 난해한 문제가 나오고 고도의 양심으로 풀어야 답이 나오는 과제들이 주어지는 것이다.

항상 양심이 바로 서있지 않으면 기준도 모호해져 길을 잃기 쉽다. 이 단계에까지 와서 모든 것이 수포로 돌아간 이가 많음은 이 단계가 쉽지 않다는 것을 가르쳐주는 것이다.

법은 보통의 속인들에게는 호흡만 전수해주면 되며, 호흡을 익힌 수련생에게는 집중이나 가라앉히는 법을, 집중까지 한 사람에게는 그곳에 들어가는 법을 지도해주면 될 것이다. 그 다음은 마음 공부를, 그 다음에 앞으로 나아갈 수 있는 길을 가르쳐주면 될 것이나, 이전의 단계가 완전히 전수되지 않은 상태에서는 그 이상의 단계를 전수해 줄 필요가 없다.

법을 받을 사람이 없음은 호흡을 제대로 하는 사람이 없다는 뜻이다. 호흡을 제대로 하고 나서 다음 단계가 오는 것이지, 호흡이 제대로 되어 있지 않고서는 어떤 수련을 한다는 것이 불가하다.

호흡은 수련의 시작이자 끝이니 호흡에서 떠나 무엇을 해보겠다는 것은 어불성설이라고 할 수 있다. 이 수련을 단전호흡이라고 하는 것은 그만큼 그 단계가 중요하기 때문이다. 항상 호흡에 들어 그곳에 우주가 있음을 알도록 해라.

지도는 단계별로 집중할 수 있은 후, 마음공부에 든다는 것을 알 수 있도록 해라. 하근기에게는 대개 호흡, 중근기는 호흡과 집중부터 그 이상, 상근기는 모두 가능하다. 법의 전달은 가급적 안 하는 것이 좋으나 필요한 사람이 있으면 골라서 해주도록 하라.

알겠습니다.

수련지도 4

타인에게 도의 길을 권할 수 있는지요?

아무에게나 권하면 헛수고가 될 것이다. 도의 향기는 어느 정도 인연이 되어야 맡을 수 있고, 도의 향기를 맡으면 저절로 이끌려 오게 되어 있으며, 온다고 하더라도 단계의 상승은 또 다른 차원이니 모든 것이 거의 지정되어 있다고 볼 수 있다. 이런 중에도 자신의 노력으로 변할 수 있는 변수는 상당하다고 하겠다. 수련이란 인연이 있어야 되는 것이니만큼 아무에게나 권할 것 없다.

인간의 수준을 높일 수 있는지요?

호흡으로 마음이 가라앉으면 정도의 차이는 있으나 진전을 볼 수 있다. 가라앉는 정도가 다르긴 하나 어느 정도는 가능하다. 호흡마저도 불가한 상태라면 그 이상의 진전은 생각하지 않는 것이 좋다.

하늘의 뜻을 가장 효과적으로 펴는 방법은 어떤 것인지요?

네 스스로 행동에서 모범을 보이는 일이다. 자신의 마음에 걸리는 것이 없도록 하고 자신의 기준이 올바른 것인지 항시 확인토록 하라.

알겠습니다.

아무리 멀어도 그보다 가까운 것이 없고 아무리 가까워도 그만큼 예의를 지켜야 하는 것이 없으니 이것이 사제지간의 관계이니라. 사제지간이란 이 세상(우주)에서 가장 가까우면서도 또한 가장 어렵기도 한 것이다. 사제지간의 예의로써 모든 사람을 대함은 대인관계에서 참으로 원을 남기지 않는 자세가 될 것이다.

이런 관계 속에서 흔을 익혀라. 흔은 흔이요, 恨이요, 한이요, 寒이요, 限이요, 韓이요, 투이요, 汗이요, 閑이요, 間이요, 罕이니, 이 흔의 의미를 알고 수련에 다시 들어라.

알겠습니다.

48회 생일

생일을 축하한다. 무엇보다도 감사해야 할 것은 인간으로 태어나 수련을 할 수 있는 인연을 만난 것이다. 수련이란 인간이 가장 인간답게 사는 방법을 깨달을 수 있는 방법으로서, 이것을 알지 못하면 인간으로 태어난 보람이 없다고 할 수 있다.

모든 것이 힘겨운 것은 인간이므로 있는 것이나, 인간이므로 인하여 더 좋은 일도 있을 것이다. 그래서 생일은 정말로 가장 축하받을 수 있는 날이라고 할 수 있다. 수련생에게 가장 중요한 날이 평생에 세 번 있으니, 첫째는 생일이요, 둘째가 스승을 만난 날이며, 셋째가 깨우침을 받은 날로서 영적인 생일인 것이다.

금년은 마음고생이 좀 될 것이다. 마음고생일 뿐 몸의 고생은 아닌 한 해가 될 것이다. 모든 것을 하늘에 맡기고 그저 인간의 할 일을 하며 지낸다고 생각해라. 인간의 일은 하늘의 일이면서도 인간만의 일도 있는 것이니, 글을 쓰는 것은 인간의 일이나 이 글로 하늘의 뜻을 펴는 것은 하늘의 일인 것이다.

지금 잘되어 가고 있으니 마음을 넉넉히 갖고 매사에 임하도록 하라. 하늘은 결코 진심으로 수련을 하는 제자를 버리는 법이 없느니라. 힘내도록 해라.

감사합니다.

81
인간의 도리

사람이 하는 일은 하늘이 알고 하늘이 하는 일은 사람이 안다. 서로 모르는 것이 없으며 모두 알고 있는 것이다. 사람이 하늘의 뜻을 모르고는 사람이라고 할 수 없으며, 사람이 하늘의 뜻을 시행치 않고는 사람이라고 할 수 없는 것이다.

사람이란 사람의 일을 하고 살아야 사람이라 할 수 있으며, 사람답게 살아야 사람이라고 할 수 있는 것이다. 이 사람의 일 중에는 하늘의 일을 하고 살아야 하는 것이 있는바, 하늘의 일 중에는 사람의 일을 돕고 살아야 함이 있는 것이다. 이 돕는 것에는 자신을 돕는 것과 남을 돕는 것이 있는바, 남을 돕기 위하여는 먼저 자신이 홀로 설 수 있어야 하는 것이다. 홀로 선다 함은 타인의 도움 없이 스스로 설 수 있음을 말하는 것이니, 이것이 가능하고야 타인을 돕는 것이 가능한 것이다. 상호간에 서로 도움을 받는다는 것은 불완전의 표현인 것이며, 이 불완전을 신속히 극복하기 위한 노력이 인간의 도리인 것이다. 노력만이 자신의 설 자리를 만들어 주는 것이니라.

삶에는 희로애락이 절반씩 차지하고 있으며,
그 중에서 희(喜)와 락(樂)을 추출하여 바라보며,
노(怒)와 애(哀)를 적게 느끼는 사람이 잘 살아간다.
사람은 항상 같은 비율로 다가오는 이러한 마음의 요소들을
편중되게 바라보므로, 마음의 중심이 잡히지 않는 상태로
자신을 몰고 가서 문제를 만들어 왔던 것이다.

수련원 개원

생계를 위해 방송국 일에 몰두하고 있는데 수련생들의 주도로 수련원이 개원됐다. 수련원 명칭은 수선재樹仙齋라 한다. 즉 도의 나무를 가꾸는 곳이라는 뜻이다. 부담이 커짐에 따라 몸의 균형이 깨졌다. 이에 대한 질문…….

글에 대하여 여쭙고자 합니다. 방송 일을 계속해야 하는지요?

글을 안 쓸 수는 없다. 글은 써야 하는데 어떠한 글을 써야 하는지에 대하여는 본인이 생각을 해보아야 한다. 글은 자신을 위한 글과 타인을 위한 글이 있다. 자신을 위한 글은 자신을 위하는 데서 끝나지만, 타인을 위한 글은 세상의 모든 일을 위한 글이므로 그만큼 영속성이 있다.

타인을 위한 글 중 가장 의미 있는 글이 길을 알려주는 글이요, 다음이 삶을 알려주는 글이요, 다음이 방향을 알려주는 글이다. 길을 알려주는 것은 다 알려주는 것이요, 삶을 알려주는 것은 몸으로 하는 것이고, 방향을 알려주는 것은 입과 손만으로 하는 것이다.

자신의 마음을 글에 실을 수 있으면 그것이 상중상이요, 자신의 몸을 글로 실을 수 있으면 중간이요, 그 이하는 기본이 갖추어진 사람이라면 도움이 되나 그렇지 않은 사람에게는 있으나 없으나 매한가지인 것이다.

너는 자신이 글을 쓰는 데 대한 두려움과 힘겨움이 몸으로 나타나게 되었다. 이런 경우 끝까지 뚫고 나가는 방법과 중간에서 회전하는 방법이 있는바, 너의 경우 중도에서 회전하는 방법을 사용함이 옳다.

이 방법은 대중에게 자신을 알리기 위하여 공중망을 이용하여 알린 후, 자신이 원하는 바대로 갈 수 있도록 자신의 펜 끝을 끌어모으는 것이다. 너의 경우 이러한 방법을 택하는 것이 덜 힘겹고 즐겁게 본연의 일을 할 수 있는 방법이 될 것이다.

어느 방법을 택하든 이제는 속도의 고저를 가릴 계제가 지났으니만큼 해보면 될 것이다. 건강은 자신의 마음에 풀리지 않은 바가 풀린 후, 다시 생각해 보도록 해라. 먼저 마음을 풀면 풀리는 부분을 풀고 다음에 몸을 풀어야 하는 부분을 생각해 보도록 하되, 우선은 도인법을 충실히 하고 뜸을 뜨도록 해라.

이런 와중에 귀한 손님들이 찾아왔다.

○○○

이미 반 정도 수련이 되어 있는 사람이다. 아직은 자신의 역량을 알지 못하여 길을 찾고 있으나 길을 찾으면 자신의 몫을 할 수 있는 사람이다. 자신의 일을 한다는 것은 수련으로 갈 수 있는 곳을 간다는 것이다.

선계에서 영랑으로서 ○등급의 위치에 있었던 사람이다. 영랑이란 선계에서 영계의 업무를 담당하는 직책이다. 이런 사람이 수명 정도 올 것이다. 앞으로 잘 가르쳐 인물이 되도록 하라.

호흡으로 가야 한다. 의식은 당분간 사용치 말 것이며 단전에 집중 시 왜 수련을 하는지 생각해 볼 것. 이 생각을 석 달 정도 해야 선계의 감이 잡힐 것이다.

○○○

이미 어느 정도 수련을 하였으나 아직 스승을 만나지 못하여 눈이 어둡다. 속(俗)에서의 참스승은 눈을 열리게 하여 주는 것이며, 눈이 열리지 않는 동안 앞을 인도하여 줄 수 있는 사람이다.

지속적인 스승의 역할은 참된 영혼으로 이끌어 줄 수 있는 자리에 있어야 하며, 스승이 깨달음에 대한 인식이 있어야 한다. ○은 앞으로 지속적인 수련으로 자신의 길을 갈 수 있는 사람이다. 전생에 선계 ○등급으로서 금생은 승급에 대한 자질을 인정받고자 함이다. 수련을 왜 하는지 생각해 볼 것이며, 아직 의식을 사용할 단계가 아니다. 호흡을 주로 하고 의식은 부차적으로 사용해야 된다.

○○○

본성이 상당히 맑다. 허나 아직 수련의 길에 든 지 얼마 안 되어 수련의 본의미를 알지 못하고 있다. 수련의 길에 들어 어느 정도 가야 자신의 길을 알 수 있을 것이다. 아직 무슨 일을 하여야 할 것인지 논하기에는 이르다.

그러나 본격적으로 수련에 들면 진전이 상당히 빠를 것이다. 기반이 약해 기운이 달리니 자신감을 심어 줄 것이며 자신이 누구인가에 대하여 생각해 볼 필요가 있다.

○○○

영성은 있으나 곧게 깨이지 않으면 빗나갈 염려가 있다. 아직 본격적인 수련의 길에 들어설 나이가 아니며 호흡과 도인법으로 몸만들기를 하도록 할 것. 영성 개발은 수련의 진도에 따라 자연스레 이루어진다.

○○○

기운이 맑아 외계의 기를 상당히 빨리 받을 수 있다. 안테나가 중간 정도의 크기로 자라 천계의 메시지를 받을 수 있으나, 아직 안 받는 것이 좋다. 속에서 익혀야 하는 과정을 습득 후 본인의 길을 갈 수 있도록 할 것. 나중에 자신의 길을 갈 수 있을 것이다.

질문을 끝내고 인사를 하는데 앞의 무리가 흩어지며 한 중년의 여인이 나타난다.

모두 잘 거두어 가르치도록 해라.

알겠습니다. 누구시온지요?
　　○모니라.

알겠습니다.

남는 부분과 부족한 부분

생을 보내는 방법에는 여러 가지가 있다. 하나는 다른 사람의 도움을 받으며 지내는 것이요, 하나는 다른 사람에게 도움을 주며 지내는 것이다. 이것도 저것도 아닌 생은 아무것도 아닌 것이다.

사람으로 태어난 이상 어딘가 모자라는 게 있는 것이며, 남는 것도 있는 것이다. 이 부족한 부분을 채우고 남는 부분을 나누어 주기 위해서는, 자신에게 무엇이 남고 무엇이 부족한가를 알아야 한다. 이 남는 부분과 부족한 부분을 알아내는 것이 수련이다.

나에게는 무엇이 남는가? 무엇이 부족한가?

어떠한 면에서도 절대로 부족한 것과 남는 것이 있는 것이 사람이다. 사람으로 태어난 이상 모든 것이 평균일 수는 없다. 이 부족한 것을 얻고, 남는 것을 남에게 주는 과정이 바로 공부인 것이다.

공부란 무엇을 할 것인가, 어떻게 살아야 할 것인가를 항상 확인하며 사는 방법을 알아내는 것인데, 이러한 과정 중에 자신의 모난 부분을 찾아내는 것이야말로 가장 중요한 부분인 것이다.

밖으로 모난 부분도 있으며, 안으로 모난 부분도 있는 것이니, 밖으로 모난 부분은 남는 부분이며, 안으로 모난 부분은 부족한 부분인 것이다. 남는 것도 잡념의 원인이 되는 것이요, 부족한 것도 잡념의 원인이 되는 것이다.

이 모든 것을 깎아내어 원형에 가까운 자신을 만드는 것이 수련인 것이다. 대부분의 인간들이 부족한 것을 메우며, 또는 넘치도록 남아도는 것까지도 더욱 가지려고 애쓰며 살지만, 남는 것은 결국은 부담이 되는 것이며, 부족한 것은 한이 되는 것이다.

부담이 되는 것도, 한이 되는 것도 결코 수련생으로서 가는 길에 도움이 되지는 않는다. 수련이란 자신이 가져야 할 만큼 가지는 것이니, 가져야 할 만큼은 가지는 것이 수련이며, 가져서는 안 될 것은 가지지 않는 것이 또한 수련인 것이다.

이것을 알아내는 것은 수련으로써만이 가능하다. 수련이란 자신을 살펴보는 것이며, 자신을 살펴 남는 부분과 부족한 부분을 확인하고, 남는 부분은 부족한 사람에게 나누어 주고, 부족한 부분을 자신에게 줄 수 있는 사람을 찾아 받아 내는 것이다.

자신에게 부족한 부분을 줄 수 있는 사람을 찾아내는 것은, 자신의 부족한 부분이 어디인가를 알아내는 과정 다음에 오는 공부이다. 자신에게 남는 것을 줄 수 있는 사람을 찾아내는 것 역시 자신에게 남는 것이 무엇인가를 알아낸 후의 공부 과정이다.

이 모든 것을 알고 난 후에도 또한 그러한 인연을 만들어야 하는 것이니, 이러한 인연을 스스로 만들지 못하면, 선생의 뜻에 따라 자신에게 필요한 부분과 남는 부분을 줄 수 있는 가장 비슷한 처지의 사람을 찾아야 하는 것이다.

많이 남는다고 잘 살아온 것이 아니며, 많이 부족한 것 역시 잘 살아온 것이 아니다. 심적, 물적으로 세상에 빚을 지고 살아가는 것은 부담이 되니만큼, 가급적이면 남는 것을 찾아서, 나누어 주며 가는 길을 택하는 것이 가볍게 갈 수 있는 방법이 되는 것이다.

육신을 가지고 살아온 시점부터 계산하여 자신의 삶의 방법을 다시 한 번 생각해 보는 기회를 가지고 지금부터 어떠한 방법으로 살아갈 것인가, 무엇을 하며 살아갈 것인가를 점검해 보는 수련을 1주일 이상 해보는 것이 좋다.

수련생들에게, 이 과정에서 자신의 부족한 점을 찾아낼 수 있는 화두와 남는 부분을 찾아낼 수 있는 화두, 자신을 완성시킬 수 있는 화두를 찾아내어 선생에게 제출하고 점검받아 물고 늘어지는 수련을 시켜야 된다.

체력의 증강을 가져오며, 눈이 열리게 된다.

* 수련법 생략.

84

중화된 냉기

속인俗人이 중화된 냉기를 가지고 있는 경우 의통 방면의 소질을 보이는 경우가 있다. 사태의 파악이 정확하고, 대처 능력이 뛰어나므로 순식간에 자신의 할 바를 다 할 수 있는 것이다. 그러나 인간으로서 자신의 할 바를 전부 한다는 것은 힘들다.

인간은 인간으로서의 할 바가 있으며, 이것을 하다 보면 원래 자신이 지구에서 하여야 할 일을 잊게 되는 수가 있으므로 본래의 목적을 이루기가 힘든 경우가 대부분인 것이다. 또한 지구에 와서 목적을 알기 전, 이미 지구에서 정해진 인연이 있어 이 인연을 가지고 나가야 하므로, 더욱 힘겨운 공부를 하게 되는 것이다.

그러나 지구에서 스승을 만나게 되면 상황이 달라진다. 공부를 할 수 있는 원래의 인연으로 돌아가는 것이다. 하지만 그렇지 못한 경우이거나 자신의 몸을 잘못 받아 수련을 할 수 없는 상황이 되면 곤란한 문제가 생긴다.

이때 자신의 운명을 바꾸는 방법은 깊숙이 수련에 빠져드는 것이다. 수련에 깊숙이 빠져들려면 상당한 힘도 들 것이나, 한번 들어가고 나면 모든 것은 수련의 길에서 해결될 것이다.

수련의 길이란 결코 가볍지 않으나 한번 들어오면 모든 것이 그 안에서 해결된다. 자신의 노력으로는 아무것도 안 해도 최소한도의 생활이 보장되는 길이 열리는 것이다. 수련의 무서움은 이러한 경우에 자신의 갈 길이 진정 알아진다는 것이다.

사람이란 사람이므로 무서운 것이다. 수련에 깊이 들어 자신의 갈 길을 알고 난 후에는 변동이 없으나, 그렇지 않은 상태하에서는 자신의 길이 천태만상으로 바뀌는 것이다. 자신이 원하는 것이 어떠한 것인지 알지 못하며, 자신의 표면에서 원하는 것을 찾아 움직이므로 자신의 내부에서 원하는 것이 무엇인지 확인하지 못하고 흘러가는 것이다.

자신의 내부로 들어갈수록 참자신에 가까워진다. 자신의 내부로 들어가는 것은 호흡이며, 호흡을 통하여 자신의 내부를 통과하여 본래의 나를 찾는 것이다. 대개의 수련생들이 본래의 자신을 찾고도 지속적인 연결이 안 되어 자신이 갈 길에서 벗어나는 경우가 있다.

본래의 자신을 찾은 이후에는 본래의 자신과 상시 연결될 수 있도록 호흡을 늦추지 않을 필요가 있다.

호흡이다. 호흡은 중화된 냉기에 다가갈 수 있는 가장 나은 방법 중의 하나이다. 또한 중화된 냉기는 자신의 길을 찾아갈 수 있는 방법 중의 하나이기도 하다.

『격암유록』의 10승지

『격암유록』에서 말하는 10승지勝地는 어디인지요?

10승지는 본本승지 5승지와 부副승지 5승지이며, 『격암유록』의 진본을 보관해 놓은 장소와 차후 중요한 용도에 사용될 장소이다. 진본이 보관되어 있는 곳은 영주, 함흥, 귀주, 진천, 양산이며, 차후 중요한 용도로 사용될 곳은 ○주(○북), ○흥, 영○(경○), ○주(○남), 이○(○북)이다.

진본이 보관되어 있는 곳들은 남사고가 천기를 읽은 후 수련 중 기록, 작성하거나 보관할 곳을 찾던 중, 여러 가지로 많은 사람들이 알지 못하도록 한 장소이다. 이것들은 모두 기운의 상태로 보관되어 있으며, 범인의 눈으로는 보이지 않는다.

영주의 한 골짜기는 격암이 수련을 하던 장소이며, 따라서 이곳의 기운을 보면 남사고가 수련을 하던 기운으로 당시의 기록을 알아볼 수 있다. 함흥은 격암이 한때 잠시 머물던 곳으로서 이곳에서 많은 연구를 하였다.

함흥은 격암에게는 마음의 스승을 만난 곳으로서 제 2의 고향이라고 할 수 있다. 이곳에서는 북방에서 들어오는 기운을 읽을 수 있다. 평북 귀주(구성)는 강감찬이 대첩을 벌였던 곳으로서 기가 상당히 센 곳이다.

이곳은 기운을 이용할 수 있는 사람이 자리 잡으면 누구라도 이길 수 있는 곳이다. 격암은 이곳에서 기에 관한 여러 가지 시험을 하였으며, 이 시험 중 상당수가 현실적으로 나타났다. 이곳에서는 반도 북녘의 기운을 읽을 수 있다.

진천은 반도 남녘의 기운을 읽을 수 있는 곳으로서 이곳에서는 여러 가지 기운을 읽는 훈련을 할 수 있는 곳이다.

양산은 외부의 남방에서 한반도로 들어오는 기운을 읽을 수 있는 곳이었다. 이러한 장소에 갈 수 있었던 것은 격암이 천기를 읽으려 했기 때문이요, 천기 수련을 하기 위함이었다. 차후 중요한 용도로 사용될 곳 중 이○은 한반도 이외의 지역에 대한 기운을 읽을 수 있으며, 이곳에서 격암은 전 세계의 움직임을 읽을 수 있었다.

○주는 아직 사용되지 않은 기 수련 장소이며, 이곳에서는 어느 정도 수련이 된 사람들이 무심으로 들 때 사용할 수 있는 장소가 한군데 있다. 허나 아직은 개봉해서는 안 되며, 우주 수련을 한 사람들은 필요 없는 장소이기도 하다.

이러한 장소에 보관되어 있던 진본들은 후에 남사고의 유언에 의해 폐기되었으며, 이러한 진본의 폐기 과정에서 남아 있던 일부가 진본처럼 유통되고 있는 것이다. 현재 인용되고 있는 격암유록의 구절들은 이 때 일부 남아 있던 부분들이 진본의 전부인 양 전수되어 내려온 것들이며, 따라서 사실과 일치되지 않는 것이 상당히 많을 수밖에 없다.

　사실과 거의 일치되는 부분은 연대기이며, 나머지는 모두 오역되어 있다. 현존『격암유록』의 모든 책에서 일치되는 부분에서의 구절은 그대로 인용하여도 가능할 것이다.

수련생에 대한 문의

선계를 향해 인사하자 앞쪽 오른편에서 허리가 굽은 사람이 한 명 나온다.

누구요?
　　노연운입니다.

무엇하시는 분이요?
　　사람의 사주를 대강 보옵니다.

어떻게 보시오?
　　하늘에 기록된 인간의 대장을 읽어 드리는 것이 가장 정확하옵니다.

어떻게 볼 수 있소?
　　제가 담당한 업무가 이 대장을 보관하는 장소의 감독이옵니다.

보아서 읽어 주어도 무관하오?

　　아무에게나 하면 안 되는 것이나 선생님께는 무관하옵니다. 바로 보셔도 됩니다만, 저희가 보아 드리면 힘을 좀 더실 수 있사옵니다.

알았소. 오늘 누구를 보시겠소?

　　필요하신 사람을 지정해 주시면 보아 드리겠습니다.

그럼 아래 네 명을 봅시다.

　　그리하도록 하겠습니다.

우선 박朴이네.

　　이 사람은 지금으로부터 2번째 전생에 조선시대 중기에 태어나 동양 사상에 관련된 학문을 연구하다가 사주 등 지엽적인 부분으로 흘러 본격적인 학문을 연구하지 못하고 마무리한 사람입니다.
　　학문의 종국은 우주에 연결되어야 하는바, 이 사람의 경우 항상 지엽적인 부분에만 전념함으로써 가지에는 밝으나 본줄기에는 어두운 면이 있어 왔습니다. 이러한 경향은 금생에도 이어져 본격적인 수련보다는 다양한 학문의 줄기를 섭렵하는 데 열중해 왔습니다.
　　이 사람의 경우 금생에도 끝을 보기보다는 지엽적인 부분을 연마하는 데 열중할 것으로 보입니다. 이러한 성향은 한 번 시작되면 여러 번에 걸쳐 이어지는 것이어서, 모두 알기 전에는 쉽게 마무리되지 않습니다.

  사람이 다소 시각이 편협하고 따라서 지금까지 그 편협함으로 성장해 왔습니다. 이 편협함은 지금까지는 도움이 되었으나 앞으로는 그 편협함이 장애물이 될 것입니다. 거기서 벗어나는 데 다소간 시간이 걸릴 것입니다.

  편협함으로 자신이 가진 지식을 끌어모으는 데 비교적 짧은 시간이 걸렸으나, 그 편협함에서 벗어나는 것 역시 더 많은 시간이 걸리는 까닭이옵니다.

알았네. 앞으로는 어떻게 되겠나?

  지엽적인 문제에 대한 해답이 풀리기 전에는, 아마도 하늘의 이치를 깨닫는 데 시간이 좀 걸릴 것으로 보입니다.

어떻게 하면 도움이 되겠는가?

  본인이 수련에 대한 의문을 가진 상태하에서는 어려울 것입니다. 하지만 본인이 어느 정도 수련에 대한 의문을 깨친 상태하에서는 다시 받아들일 수 있을 것입니다.

그때까지는 어떤 방법이 좋겠는가?

  그냥 내버려 두십시오. 스스로 깨닫는 것이 가장 좋은 방법이옵고, 다음이 선생에 의해 깨닫는 방법이온데, 이 사람의 경우 현재는 두 가지가 모두 막혀 있으니 잠시 시간을 두고 보신 후에 처리 방법을 생각해 보시는 것이 좋을 것 같사옵니다. 인간으로서의 진화 정도는 60% 선으로 수준은 높은 편이나 기초가 약한 편입니다.

수련은 어떻게 하면 되겠는가?

자신을 알아야 합니다. 자신이 누구인가 알면 그때부터 본격적인 수련이 시작되는바, 아직 남에 대한 것은 알아도 자신에 대한 것을 모르고 있습니다. 자신을 아는 수련은 내관을 하여야 하는바, 지속적으로 자신이 누구인가 명상 속에서 살펴보도록 함이 좋습니다.

자신이 누구인가 알게 되면 스스로를 낮추게 되고, 스스로를 낮추고 나면 그때부터 공부가 시작됩니다. 아직 자신이 누구인지 모르고 있습니다. 아는 방법은 호흡이 1분 이상 될 때부터 들어갈 것입니다.

그러면 되겠는가?

될 것입니다.

알았네. 다음 김金은 어떠한가?

김의 경우 박보다는 약간 넓은 시각을 가지고 있습니다. 따라서 박보다는 다소 진전이 느리나 마음의 바탕은 평탄한 편입니다. 기운은 약한 것 같아도 기본이 좋고 저력이 있어 어느 정도의 성취는 가능할 것 같습니다.

전생은 어떤가?

학문의 언저리를 맴돌기도 하였으나 일반적인 수준이며, 깊은 것은 아닙니다. 때로는 오행을 연구하기도 하였으며, 학문을 가르치기도 하였습니다. 하지만 어느 것이나 초등학교 수준을 벗어나지 못하는 것이었으며, 금생에는 도의 언저리로 접어들어 이 방향의 공부를 하려 하고 있습니다.

심성이 평탄하여 공부에 무리가 없는 스타일입니다. 범인으로서 기복이 심하지 않은 심성은 성취에 도움이 될 것으로 보입니다. 인간으로서의 진화 정도를 보면 30% 수준입니다. 기초는 좋은 편입니다.

한韓은 어떤가?

한의 진화 정도는 20% 이하로서 기초가 약합니다. 한의 경우 기복이 중하위권에 집중되어 있어 상승기에는 그런대로 되고 있으나, 하향기에 접어들어 상승기의 수확을 잃어버리고 있습니다.

전생에 남의 집 일을 하던 바 있으며, 서당의 뒷자리에 앉아 있기도 하였으나 공부를 한 것은 아닙니다. 험한 일을 하였으며, 이 험한 일을 하는 가운데, 한때 절에서 허드렛일을 한 인연으로 이 공부를 하게 된 것입니다.

아직 순수한 부분은 앞으로 공부에 사용될 수 있을 것이나, 본인의 심성이 높은 경지에 오르기에는 무리입니다. 기대하기에는 너무 적은 그릇입니다. 공부에 겸하여 막일을 시키시는 것이 좋을 것 같사옵니다.

알았네. 강姜은 어떤가?

강은 아직 선계의 공부를 해본 적이 없는 사람입니다. 허나 전생에 절에서 며칠간의 수행 견학을 한 적이 있어 그 인연으로 이 공부를 하게 되었습니다. 이 사람의 경우 본바탕이 든든하여 공부를 하는 데 있어서 옆으로 벗어날 확률이 비교적 적은 사람입니다. 큰 인물은 아니나 자신의 역할은 할 수 있을 것입니다.

수련은 어떻게 시키면 되겠나?

너무 엄한 수련보다는 자신을 알 수 있도록 평소 꾸준히 지도하면 될 것으로 보입니다. 호흡 위주로 가되 항상 자신을 살펴보도록 하면 나을 것입니다. 진화 정도는 40% 선이며 기초 강도는 중간 정도입니다. 모든 면에서 중간 정도입니다.

알았네.

나에 대한 문의

'오늘은 나를 한번 볼까 하는데' 하고 생각을 하며 앞을 둘러보는데, 멀리 가운데서 한 노인이 다가오며 자신이 하겠다고 한다. 인간에 관한 기록을 망라하는 보관소의 장(長)이다.

오늘은 나를 한번 보세.
　아니 되옵니다.

어째서 그런가?
　선생님에 대해서는 못 보도록 되어 있습니다.

왜 그렇게 되었는가?
　선생님을 읽는 것 자체가 천기누설이옵니다.

다른 사람들은 왜 안 그런가?
　수련 중인 사람들은 괜찮습니다.

나도 수련 중 아닌가?

수련 중이시지만 하늘의 뜻을 그대로 전하고 계시지 않습니까?

그런데 모양이 왜 이런가?

그렇게 타고(몸을 입음) 가시지 않으셨사옵니까? 금생에는 전혀 티를 내시지 않는다고 하시며 아주 평범한 스타일로 내려가셨사옵니다. 그냥 가셔서 사람을 찾아본다고 하시지 않으셨사옵니까?

그랬던가? 아무리 그래도 약간은 나아야 하지 않겠는가?

아니옵니다. 금생에는 철저히 중간의 모습으로 계실 것이옵니다. 더욱이 도와드릴 사람들이 있지 않사옵니까?

맞게 집기는 하였는가?

상당히 정확히 집으셨습니다. 원래 속(俗)으로 부임하시면 천기의 발현이 쉽지 않으나, 모든 것이 '스케줄'대로 정확히 가고 있사옵니다.

잘되고 있는 것으로 보이는가?

아주 잘되고 있습니다.

얼마나 커야 하겠는가?

너무 클 필요도 없다고 생각됩니다. 수선재의 인원은 필요한 수만큼 있으면 된다고 생각합니다.

그 필요한 수가 얼마만큼인가?

속俗의 변화 양상에 따라 다르옵니다. 지금은 너무 많은 것도 바람직스럽지 않으나, 앞으로 세상이 변하여 가면서 많이 필요할 수도 있습니다. '속'의 '스케줄'은 큰 틀 속에서는 변함이 없으나 수시로 종속 변수가 변화하기 때문입니다.

가장 큰 종속 변수라면 어떤 것이 있겠는가?

인간의 심성에 영향을 줄 수 있는 변수입니다. 심성에 영향을 줄 수 있는 변수는 여러 가지가 있으나 최근같이 어려운 상황은 가장 큰 변수 중의 하나입니다. 환경은 인간을 다듬는 데도 가장 좋으나, 인간을 망가뜨리는 데는 더없이 좋은 역할을 하는 까닭이옵니다. 공부는 환경이 시키는 것이며, 이 환경을 이용하는 의지는 스스로가 가지고 있는 것이옵니다.

나는 앞으로 어떻게 하면 되겠는가?

너무 튀어 보이지 않도록 하시는 것이 좋을 것 같사옵니다. 아주 평범한 사람으로 지내시면서 제자들에게 뜻을 전하시는 것이 가장 좋을 것 같사옵니다.

그런가?

네. 그렇사옵니다.

'속'에서의 내 모습은 어떻게 보이는가?

장부를 꺼내어 본다.

네. 공과 사를 비교적 엄격히 구분하는 성격이며, 다정다감하여 주변 사람들이 어려운 것을 보면 가끔 참지 못하시고 같이 불운을 겪어 주시는 면이 보입니다. 이러한 것은 삼가시는 것이 좋습니다. 문학에 대하여 뜻을 두고 계시며, 그 방면으로 계속 나가시면 뜻을 이룰 수 있는 정도가 되실 것이옵니다.

뜻이 무엇인가?

자신이 움직이고자 하는 방향입니다. 성격이 솔직하시고 남을 속이지 못하며 가끔은 선의의 거짓말로 상대를 편하게 해주시는 면도 보입니다. 이러한 것은 천성이 착한 탓으로 업業과는 무관하나 일이 커지면 문제가 되는 경우도 있습니다.

사회에서 누구에게 지탄받는 행동을 하지 않으므로 평소 주변에 따르는 사람이 많아 지내시는 데는 별 불편이 없으실 것입니다. 이러한 면에서는 좋으나 고지식한 성격으로 인하여 인간 사회에서 필요한 권모술수를 펴는 데는 방해가 되는 편입니다.

인간 사회란 때로는 위장(?)도 필요한 것이며, 다른 사람에 대한 거짓말도 필요한 때가 있는 법입니다. 이러한 용도에는 맞지 않는 성격입니다. 때로는 이러한 점으로 인하여 불편한 점도 있을 것이나, 타고난 것이므로 할 수 없는 것이옵니다.

경제적인 면은 본인이 움직이는 데 불편이 없을 만큼 주어질 것이며, 주변의 인적 구성은 선인과 악인이 반반씩 분포하여 중용을 걸으시는 데 도움이 되고 있사옵니다. 가족운은 크게 있는 편은 아니나 그런대로 갖출 것은 다 갖추어졌으며, 그만하면 역시 중간이라고 하겠습니다. 누구와 지나치게 가깝게 지내는 편도 아니어서 도를 공부하심에 좋은 환경이 되고 있습니다.

그런가?

아닌 면도 있습니다. 본인의 성격이 너무 빨리 가라앉아 세상을 살면서 좋은 것과 싫은 것이 없이 되어 버리는 것입니다.

항상 마음이 즐거우면 되는 것 아니겠는가?

그렇사옵니다.

수련의 면에서는 어떤가?

선생님의 파장은 항상 90~100%대인 선계 상층부를 평균으로 움직이고 계시며, 따라서 누구도 못 읽어 내는 천기나 우주기를 그대로 읽어 내십니다. 본성은 마음의 가장 낮은 곳에서 움직임이 감지되며, 이러한 경향은 마음의 파장이 낮아져야 이것을 읽어 낼 수 있음을 의미합니다.

 선생님의 진도를 보면 현재 가장 이상적으로 가고 계시며, 수련생들을 지도하며 수련 속도가 2배 이상 빨라져 가고 계십니다. 이승의 수련 속도는 아무리 빨라야 광속의 3배 정도이나, 선생님의 경우 광속의 6배 이상으로 수련 세계를 읽어 나가고 계시므로 앞으로 꾸준히 하시면 머지않아 완성체가 되실 것으로 보입니다.

 평상인의 경우 수련 속도가 이렇게 되려면 수천 년이 걸리는 경우가 대부분이며, 수만 년이 걸려도 안 되는 경우도 있습니다. 가장 이상적인 경우는 한 번에 천기를 읽는 경우이나 이러한 경우는 거의 없다고 할 수 있으며, 우주에 있다고 해서 모두 천기를 읽을 수 있는 것은 아닙니다.

 선계에도 모두 등급이 있어 천기를 읽고 천기를 움직일 수 있는 것은 구분이 되어 있어, 자신의 분야 이외에는 모두 이러한 역할 분담에 의해 이루어지고 있는 까닭입니다. 인간계의 질서가 하늘의 질서를 그대로 원용한 것은, 인간이 선계와 밀접한 관계를 맺고 있으며, 질서를 세울 시기에 선인들이 다수 내려와 선계의 율법을 적용한 결과입니다.

 신화神化는 인간이기 때문에 가능한 것이며, 따라서 선생님의 경우 이미 상당한 신화를 이룩한 경우라고 할 수 있습니다. 선생님의 경우 앞으로 수련을 하면서 어려운 점도 있으실 것이나, 꾸준히 선계에서 해당 상황에 대한 메시지를 내려 보내고 있으므로 모든 것이 가능할 것으로 보입니다.

선생님이 대단한 가능성을 지속적으로 유지하실 수 있으신 것은 선생님의 신심이 깊은 것에 연유합니다. 원하시는 모든 것이 가능합니다.

알았네. 고마우이……. 허나 아직은 가끔 힘겨울 때가 있네.

그것은 완전한 우주화를 이루어도 인간계에서 지도역을 담당하는 한 당연한 것입니다.

알았네.

자신도 모르게 가르쳐 준 것을 알아차리고 깜짝 놀란다.

아니네. 절대로 잘못 사용하는 법이 없을 것이네.

다소 즐겁지 않은 모습이다.

알았사옵니다.

고맙네.

인사를 하고 물러간다.

가족들의 전생

이번에는 가족들의 전생에 대해 알아보다.

큰딸

전생은 낙랑국의 공주이다. 당시 외동딸로서 왕자가 대통을 이을 수 없을 정도로 유약하므로 부마가 왕위에 오르게 되어 있었으나, 왕자가 승계하고, 공주는 평범한 일생을 살았다. 당시의 평온하고 부귀한 것이 마음에 남아 있다.

이후 평범하거나, 다시 부귀한 집안의 딸로 3회 더 태어났는데, 모두 권력은 없으나 용돈을 쓰는 데는 지장 없는 재산가의 딸로 태어났다. 금생에 다시 나왔으나 전생의 성향이 강하게 입력된 탓에 아직 그 성향이 남아 있다.

따라서 특별한 동기가 부여되지 않는 한 그러한 성향이 앞으로도 지속될 것이다. 나쁘게 흐르지는 않을 것이므로 너무 걱정은 하지 않아도 되며, 발전적인 동기를 부여하기 위한 노력을 해주면 도움이 될 것이다.

하늘에 대한 관심이 다소 있는 편이나 깊지는 않다. 그저 견학하는 정도에 그칠 것이다. 특별히 두드러지지 않은 생을 살 것이며, 무난하게 생활할 것이다. 가장 좋은 것이다.

막내딸

3생: 큰딸보다 먼저 시대에 상당히 부귀한 고관대작의 딸로 태어나 부귀한 생을 살았다. 당시에는 권력과 부와 명예를 동시에 가질 수 있는 체제였다.

2생: 갑부 집에 태어나 별 어려움 없이 살았다.

1생: 본인의 성향은 지도자가 되는 데 있었으나 뜻대로 되지 않으므로 평범하게 살았다. 그러나 아직도 잠재의식 속에 정치인의 뜻이 어렴풋이 살아 있다.

성격은 원만하고, 다정스러우며, 주변의 귀여움을 받는 편. 친구들이 많고, 잘 어울리며, 즐겁게 산다. 앞으로도 하늘에는 관심이 없으며, 지상의 즐거움을 추구하는 방향으로 갈 것이다. 공부는 노는 수단으로 의미가 있으며, 그 자체로는 별 의미가 없다.

화려하고 사치하는 것을 좋아하나 적극적이지는 않다. 앞으로 공부로 성공을 하기보다는 본인이 가지고 있는 재능으로 하는 것이 좋을 것이며, 따라서 재능을 키우는 것이 좋다. 그림은 재능을 전부 밝혀내지는 못할 것이나 일부 밝혀낼 수는 있을 것이다. 그만하면 상품이다.

친정 어머니

800~900여 년 전 지금으로부터 2번째 전생에 인도 부근 작은 나라에서 거의 절대적인 권력을 가졌던 여걸이다. 그간의 수련으로 권력의 찌꺼기를 마음에서 털어내는 데 성공하였으나, 다시 선계로의 복귀 기회를 얻기 위해 수련의 길에 들었다.

허나 금생은 다른 종교에 귀의하여 진정한 도의 길을 얻는 데는 실패하였으나, 마음의 평화를 얻는 데는 성공하였다. 내생에서 진정한 도의 길에 들어 자신의 길을 찾아갈 수 있을 것이다.

인간으로 태어남이 쉽지 않으며, 인간으로 태어나서 도의 길을 감이 또한 쉽지 않고, 도의 길을 가서 완성함은 더욱 쉽지 않다. 모든 면에서 하나하나 추구하며 나가는 것은 언젠가 도의 완성으로 선계에 복귀한다는 약속이 있어야 하나, 공부의 길에서 약속이란 없는 것이 현실이다.

공부로 인한 다양한 변수의 영향을 벗어날 수 있어야 하는 것이 수련생의 길인 것이다. '문'의 모친으로 태어나 더없이 자신의 할 바를 잘하였다. 허나 자신을 돌봄에는 부족함이 있었으나, 이 모든 것은 하늘이 보고 있어 차후 보람으로 돌아올 것이다.

성품이 상당히 적극적이며 강한 심성으로, 자신이 추진하고자 한 일은 거의 모두 성취하였다. 한 사람이 지속적인 극기의 길을 가는 일생을 보내기는 쉽지 않으나 최의 경우 자신의 길을 잘 왔다.

본체의 고향은 지구에서 서북방으로 약 800억 광년 떨어진 곳에 위치하는 아리다스 은하의 아루 성이다. 본명은 '가루garoo'이며,

본래 무욕의 경지에 거의 들었던 사람이다. 아루 성은 지구의 약 2, 3배 정도 되는 별로서 지구에 비하여 약 2만여 년 앞선 문화를 가지고 있고, 기인氣人들이 사는 별로서는 상급에 속하는 별이다.

인간으로서 아루 성에서 왔다가 아루 성으로 돌아간다면 성공적인 일생을 마친 것으로 볼 수 있다. 지구를 떠나면 다시 아루 성으로 돌아가 자신의 일을 할 것이며, 다시 오게 되면 자신의 길을 완성시킬 수 있을 것이다.

자녀의 도리로서 모친의 고통을 덜어드리는 방향으로 노력하도록 해라. 훌륭한 분이다.

친정 큰언니

지금으로부터 3번째 전생에 백제에서 농업을 하는 대부호의 처로, 물질적으로는 없는 것 없이 생활하였으며, 권력도 필요한 만큼 가지고 있었다. 손에 물 한 방울 묻히지 않을 만큼의 식솔들을 거느리고 있었으며, 자신이 필요한 것을 전부 살 수 있을 만큼의 경제력이 있었다.

하늘에 대하여 관심이 있기는 하였으나 정확히 알지 못하여 수련과는 거리가 있다. 아직까지도 수련에 대하여는 전혀 관심이 없는 것은 아니나, 거의 없는 상태로서 별로 도움이 될 정도의 관심은 아니다. 다른 사람이 하는 것을 보면 별다른 감정이 없이 이해하는 정도의 관심을 가지고 있다.

본래 지구에서 동북방으로 약 53억 광년 떨어진 곳에 있는(우주에서는 'M58 은하'로 부름) 가류 성단, 미류 은하, 아리타 성星의 한 곳의 질서를 다스리는 파트 성城의 성주였다. 이 별의 경우 상당한 지적, 정신적 문화를 가지고 있었으며, 한민족 문화의 기반이 된 의류 문화의 원류가 이곳이다. 표면적인 복식服飾은 지상에서 나타났으나 기본적인 디자인은 아리타 성에서 이미지로 전송되어 복식 담당자 등에게 전해진 것이다.

자신이 관리하고 있는 파트 성의 인간에 대하여 관심이 많았으며, 이러한 관심이 점차 확산되어 전 미류 은하 전체 주민에 대한 관심으로 성장하였다. 이 관심은 나중에 긍정적으로 소화된다.

금생에는 자신이 할 바를 특별히 하고자 하는 것이 아니고 한 생을 쉬기 위해 왔으며, 따라서 자신이 가지고 있는 본바탕에 비하여 큰 발전은 없었다. 허나 기존의 자신이 가지고 있던 사고와 우주의 현실에 대하여 많은 비교 연구를 하므로 여러 가지 면에서 다양한 지식을 가지게 되었다.

아직은 본수련에 대한 관심이 적다. 앞으로 3, 4회 정도 더 윤회하며 수련을 쌓아야 본궤도에 오를 수 있을 것이다. 성격이 완벽을 추구하는 면이 있으니 이것은 본성의 관심을 표명하는 것이다. 금생에는 특별히 수련과의 인연은 없을 것이며, 따라서 편히 살다 갈 것이다.

버거씨병

인사를 하자 오른편 중간 정도에서 한 사람이 나온다. 특별히 체력이 강한 것으로 보이지는 않으나 건강하고 몸이 유하며 맑다. 선계 2등급의 복장이다.

뉘신가?

의인醫人입니다.

그런가? 성함은 어찌 되시는가?

의상이옵니다.

반갑네. 하나 물어보세. 버거씨병(발가락 등 인체의 말단 세포가 썩어드는 병)**이 무엇인가?**

기의 부족으로 신체 일부가 사용하지 못하도록 되는 병입니다. 본인의 의지로 이 부분이 있다고 강하게 의념하며 수련을 하면 도움이 될 것입니다. 이 수련생의 경우 수련 방법은 아래와 같습니다.

211

〈수련법〉

1. 도인법 후 호흡을 고른다.
2. 양팔을 펴서 벌리고 손바닥을 위로 하여 기운을 받는다.
3. 자신의 신체에 무엇, 무엇이 있는가 확인한다. 전신에서 가장 먼 곳부터 기운으로 있는지, 있으면 어떠한 상태인지, 없다면 왜 없는지 확인한다. 예를 들면 손가락이 있는지, 없는지, 발가락이 있는지, 없는지에 대한 확인을 하며 자신의 몸을 한군데 한군데 의념으로 천천히 돌아본다.
    ① 팔, 손가락, 손톱, 손톱 끝부분, 손바닥을 돌아보고, 손바닥을 미국의 대평원처럼 확대한다.
    ② 손금 안으로 들어간다.
    ③ 손금을 무한대로 키운다. 손금의 골짜기가 그랜드 캐니언같이 깊어지면 손금 한 가락 한 가락을 탐험한다. 손바닥은 상당히 중요한 곳이므로 천천히 상세하게 살펴본다. 손바닥의 손금 중 막힌 곳을 열면 자신의 팔자의 막힌 것이 해결될 수도 있다. 이 부분에서 손금에 새겨진 자신의 운명이 보일 수도 있다.
    ④ 골짜기는 모두 따뜻하고 기운이 흘러야 한다. 기운이 흐르지 않으면 골짜기의 위로부터 확인하여 물이 흐르도록 한다.
    ⑤ 다리, 무릎, 정강이, 발목, 발등, 발가락, 발가락의 끝, 발바닥을 돌아보고, 발바닥 역시 중요한 곳이므로 발바닥의 모든 곳을 샅샅이 탐험한다. 역시 손바닥과 같다.
4. 머리, 가슴(폐, 심장), 배(배 안에 있는 장부 의념)를 손으로 고귀

한 물건을 쓰다듬듯 가만히 상상하면서 기운으로 닦아 낸다. 장부의 기능이 떨어지는 경우 이러한 현상이 생기므로, 기운으로 자신의 몸을 살펴보며 수련 중 기운이 부족한 것으로 생각되는 곳에 집중적으로 기운을 보내어 닦아 낸다.

5. 기운을 순행(시계 방향)하며 전부 닦아 낸 후 모인 탁기를 단전으로 끌어 모아 태운다. 순간순간 모이는 탁기가 저절로 단전으로 들어가도록 하면 좋다.
6. 수련 중 계속 단전에 기운을 모은다.
7. 하루에 온몸을 다 할 수는 없다. 이 수련을 마치는 데 처음에는 빠르면 2-3주, 늦으면 3개월 정도 걸릴 수 있으며, 이 수련은 느리게 즉 3개월 정도 걸려서 하는 것이 좋다.
8. 수련 중 절대 서두르지 않는다. 수련의 기본을 다지는 데 가장 중요한 방법 중의 하나이다.

(가르쳐 준 선인에게 감사를 표하며) **고맙네. 앞으로 자주 만나세.**

항시 대기하고 있사옵니다.

고맙네. 다시 보세.

이 수련생은 등록 후, 이 방법을 혼자, 가능하면 매일 1-2시간 정도 1개월간 시킨 후 합류하면 좋을 것입니다.

알았네.

이어 '수선회'에 가입하기 위해 대기 중인 수련생의 수련과의 인연에 대해
물어보다.

○○○

수련을 할 수 있는 사람이옵니다. 한번 시켜보면 좋을 것입니다.
기운이 부족하니 우선 도인법과 호흡법을 3개월 정도 익힌 후 몸
을 가꾸는 수련을 시키면 좋을 것입니다. 괜찮은 사람입니다.

○○○

수련과의 인연은 중간입니다. 본인의 성의에 따라 증가할 수 있
습니다. 우선 몸이 많이 피곤하니 건강을 살필 수 있는 수련을 시
키는 것이 좋습니다. 위의 사람과 동일합니다. 기존의 지식을 버리
는 것이 급합니다.

무념으로 들기 위하여는 다른 초보자의 3~4배 정도 힘겨울 것이
나, 호흡으로 들도록 하면 될 것입니다. 인연은 있으나 길을 잘못
들었습니다. 이제는 바로 왔으니 수련을 시키면 될 것입니다.

명命에 대하여

한 수련생의 부친이 식물인간이 되었다. 본성에게 문의하다.

아직은 갈 때가 아니다. 아직은 할 일이 더 남아 있음이다. 긍정적인 일은 아니며, 가족들이 고생이 될 것이다. 조금 더 명이 남아 있으나 종전의 모습으로의 회귀는 어렵다. 전생에 시골 마을의 선비로 태어나 훈장으로 마쳤다.

평범한 일생을 보냈으며, 현재까지 특별한 인연을 만나지 못했다. 앞으로 서너 번 더 윤회를 하여야 인연을 만날 수 있을 것이다. 그저 잘 모시기만 하면 된다.

명부命簿 1

○○○

사람이 그만하면 수련을 할 수 있다고 할 수 있다. 인간이 다 인간이 아니며, 사람의 모습을 하고 있다고 전부 사람이 아닌 것이니 심성이 사람다워야 사람인 것이다. ○의 경우 기본적인 덕목을 갖추었으며, 따라서 수련에 있어 진도가 빠른 것도 늦은 것도 아닌 중간 정도의 속도를 가질 것이다.

사람은 자신이 갖추어야 할 것을 갖추어야 사람이 되는 것이며, 이 항목 중의 모든 것을 보면 크게는 정신과 육체요, 정신 중에는

남에게 폐를 끼치지 않으려는 마음,
남을 의심하지 않으려는 마음,
남의 결점을 덮어주려는 마음,
남의 희망을 살려주려는 마음,
남의 아픔을 함께 하려는 마음,

남의 기쁨을 축하해주는 마음,
남의 슬픔을 덜어주려는 마음,
남의 상처를 낫게 해주려는 마음,
남의 영혼을 달래주려는 마음,
남의 기대를 충족시켜 주려는 마음,
남의 행복을 지켜주려는 마음,
남의 모든 좋고 나쁜 것을 함께 하려는 마음이 있어야 한다.

　○의 경우 이러한 마음이 고루 배어 있다. 특별히 많은 것은 아니라도 하나도 빠진 것이 없는 것이다. 이러한 마음씨는 수련의 기본으로서 가장 중요한 것이다. 수련생은 다른 특별한 것이 없어도 이러한 기준에 충족되면 수련을 할 수 있는 것이며, 이러한 기준 중에서 한 가지라도 없으면 수련이 어려운 것이다.
　○의 경우 전생에 아주 평범한 삶을 살아왔다. 그러나 아주 착한 생을 보냄으로써 금생부터 수련운이 닿게 된 것이다. 전생에 평범하게 태어나 평범하게 생활하였다. 선하게 살아 선한 생활의 보답으로 현재의 생이 오게 된 것이다.
　건강이나 모든 것이 중간 정도이니 중간 정도라 함은 가장 원만한 것임을 뜻하는 것이다. 사람이 괜찮다. 수련 진도는 서두르지 말도록 하고 그저 항심으로 하도록 해라.

자궁 근종

앞의 양 옆으로 사람들이 죽 늘어서고 가운데로 길이 나 있는데 내가 문의하려 하자 양 옆에서 사람들이 나와 가운데 통로를 막는다. 그들 중 여러 사람이 이구동성으로 진언한다.

보시면 아니 되옵니다.

어째서 그런가?

　인간의 갈 길은 정해져 있는 부분도 있으나 정해져 있지 않은 부분도 있사옵니다. 이 정해진 부분에 관한 것은 이미 나타나 있사옵고, 정해지지 않은 부분은 아직 나타나지 않은 부분입니다. 이 나타나지 않은 부분에 관하여 너무 상세히 아시는 것은 하늘의 뜻을 변화시킬 수도 있으므로 본인의 갈 길이 바뀔 수도 있습니다. 따라서 별로 바람직한 것은 아닙니다.

그러면 수련과 관계가 있는 부분만 알아도 안 되는가?

그 부분은 무관하옵니다. 허나 그 이상은 안 되옵니다. 이러한 것이 다름 아닌 천기누설인 까닭이옵니다.

알았네. 서로 불필요한 부분은 묻지 않기로 하세.
알았습니다. 허나 필요하신 것은 보아 드리겠습니다.

고맙네. 그러세. 자네들에게 불필요한 부담 줄 생각 없네. 오늘은 자궁에 근종이 생긴 윤#이라는 사람이 수련이 가능한 것인지, 수련을 하면 어떻게 효과가 있겠는지 좀 알아보세.

알았습니다. 윤의 경우 평소 생활 습관에서 나온 병입니다. 본인의 몸이 항상 무거웠으며, 이러한 몸을 바꾸어 보려는 생각이나 시도 없이 현재까지 살아온 결과입니다. 지금부터라도 천천히 몸을 바꾸어 보려는 노력과 함께 마음을 평온히 갖도록 노력한다면 많은 변화가 있을 것입니다.

우선 자신에게 주어진 조건에 만족해야 합니다. 설령 못마땅한 조건이 있더라도 수련을 할 수 있음을 감사히 생각하고 이것으로 위안을 삼아야 합니다. 자신의 마음이 바뀌어야 모든 것이 바뀔 수 있습니다. 자신의 마음을 바꿀 수 있는 방법은 깨달음입니다.

이 깨달음을 이끌어 내는 방법이 바로 수련입니다. 깨달음을 알고 나면 마음이 바뀌고, 마음이 바뀌면 인생이 바뀌는 것입니다. 깨달음은 인간으로서 가장 중요한 진화의 계기입니다. 이 계기를 잘 이용하고 못하고는 부처와 범인의 차이가 있습니다. 일단 저희들에게 맡겨 주십시오. 그리고 수련만 열심히 하도록 해주십시오.

알았네.

앞으로 저희들이 알아서 움직일 테니 선생님은 그저 모집과 수련 방법에만 신경 쓰시도록 하십시오.

고맙네. 그리하도록 해보세.

알았습니다.

93
천기누설

선계를 향해 인사하자 양측에 도열했던 사람들이 다시 통로로 나오려 하다가 멈춘다. 저 멀리 의자에 앉아 있는 세종대왕 형상을 한 사람이 의자에 앉은 채 밀려온다.

뉘십니까?

　　세종이옵니다.

어찌 그런 모습으로 오십니까?

　　오늘만 이런 복장을 하기로 하였습니다.

무슨 이유에서입니까?

　　말씀드릴 것이 있어서 그렇습니다.

무엇인지요?

　　사람에 대하여 알아보시는 것에 대하여서입니다.

그게 어떻단 말인가요?

아니 되옵니다. 사람의 가능성을 막아 놓을 수도 있는 일이옵니다.

어째서 선생이 나서는 것인가요?

제가 말씀드려야 할 것 같아서 나왔사옵니다.

수련생에 대하여는 어찌하면 좋겠습니까?

그대로 모두 받아 주시고 사람에 따라 수련 방법을 달리하시면 될 것입니다. 애당초 사람을 가리는 것은 그들의 기회를 박탈하는 조치가 될 수 있습니다. 수련 인연은 1%든 10%든 있는 것이며, 없으면 만들어 주시면 될 것이옵니다. 스승이 오겠다는 제자를 꺼리면 어찌 참스승이 되겠사옵니까?

인간이란 원래 미완성품인지라 다소간이라도 미완성의 흔적을 지니고 있는 법입니다. 선인들이 인간화하여도 선인으로 있을 때의 부족함이 선연히 나타나는 법인데, 하물며 범인이 어찌 흠이 없겠사옵니까? 이제는 기초가 거의 다져지는 것으로 보이니 오는 사람은 무조건 받아 주시는 것으로 하시는 것이 어떨까 합니다.

그렇다고 벌써부터 무조건 받아들이면 사람을 선별할 수 없지 않은가요?

선별이 무슨 필요가 있겠사옵니까? 그냥 가르쳐 주시면 될 것이옵니다.

우열은 구분할 필요가 있지 않겠습니까?

자연히 가려질 것이옵니다. 그 점에 대하여는 너무 걱정 마시고 스스로 따라 할 수 있는 사람이 따라 할 수 있도록 해주시면 될 것이옵니다. 수련원 운영도 100여 명 될 때까지는 어떨지 모르겠습니다만, 그 이상 되면 분원이 불가피합니다.

분원을 관리할 지도자도 있어야 하니 이들에 대한 별도의 수련과정을 두어 앞으로 매주 하루를 택하여 수련에 관한 이론을 가르쳐 주시고 지도자 자격을 주시는 것이 좋을 것 같사옵니다.

간단합니다. 도인법, 호흡법, 마무리의 순으로 하되 매주 토요일이나 언제 날을 정하여 주 1회 정도 선생님을 뵙고 대화의 시간을 가질 수 있도록 해주시는 것이 어떨까 합니다. 수련 방법은 다시 내려올 것입니다.

기초 단계는 이들에 의해 지도될 수 있도록 하시는 것이 좋을 것입니다. 주 2회 수련으로 하되 1회는 기초 과정 지도자가 지도하고, 1회는 선생님께서 하시면 되지 않을까 합니다. 수련 방법은 기초 과정과 중급 과정, 고급 과정으로 구분하되 각 단계에서 건강에 관한 수련법을 한 가지씩 알고 나가도록 하면 좋을 것입니다.

최소한 장심으로 기운을 느끼는 사람에 대하여는, 선생님께서 체질을 감별해 보셔서, 간이 좋지 않은 사람은 호흡의 기초를 끝낸 후 간을 응시하며 몸 밖으로 꺼내어 손바닥에 놓고, 가만히 안 좋은 부분을 기운으로 닦아 낸 후 다시 체내로 집어넣는 훈련을 하게 하면 될 것입니다. 자신의 장기의 안 좋은 부분을 집중적으로 정화하여 다시 정위치시키는 훈련을 시키는 것이 좋습니다.

의외로 성과가 빠른 경우도 있을 것이옵니다. 집중력이 강한 사람의 경우 이 수련으로 암으로부터 자신을 찾을 수도 있습니다. 체내에서 어느 한 부위가 안 좋으면 다른 부위가 안 좋아지니, 현재 안 좋은 곳을 낫게 한 후 다른 장기를 이런 방법으로 수련하도록 하면 될 것입니다.

지금부터는 수련 방법을 체계화하여야 합니다. 수련 방법의 체계화는 가만히 앉아서 구체적인 계획을 세우고 이것을 다시 수련 방법으로 나누어서 지도하는 것입니다. 수련 방법은 제가 지속적으로 상향 조정해 드리겠습니다.

알았습니다. 그렇게 해보겠습니다. 다시 보시지요.

수련의 요체는 마음을 변화시키는 것이옵니다. 마음을 변화시킬 수 있다면 다른 것은 금방 변할 수 있는 것이옵니다.

알았습니다.

꾸지람

자광 선인

세종에게 속(俗)에서 스승 노릇을 하던 진광 성의 선인. 진광 성은 헤로도토스의 옆으로 5광년 떨어진 별임. 선계 0등급.

수련은 인간을 발전시키고자 해서 하는 것입니다. 수련을 하고자 하는 것은 수련을 함으로 본인이 얻을 수 있는 것이 있음이요, 수련을 하다가 떠나는 것은 본인의 인연이 그것밖에 안 되는 것입니다.

오는 사람은 인연이 있는 것이요, 가는 사람은 인연이 그것밖에 안 되는 것입니다. 떠났다고 해도 다른 곳에서 인연이 있을 수도 있으며, 한동안 끊어졌다가 다시 찾아오기도 하는 것입니다.

모든 것이 우주의 일이며 인간의 일이기도 한 것입니다. 따라서 어떠한 인간의 수련에 관한 잠재성을 일깨워 주는 것이야말로 진정한 스승으로서의 일인 것입니다. 하늘이 정해 놓은 길을 벗어나서 우주의 길을 가고자 하는 것이 수련이요, 이 길을 벗어나지 못하여 결국 정해진 대로 가는 것은 또한 그 사람의 복인 것입니다.

　스승은 갈 길을 알려주고, 열어 줌으로써 제자에게 도움을 주는 것이며, 제자는 스승의 말을 알아들어 자신의 길을 찾아가는 것입니다. 이 과정에서 서로 신뢰하지 못하고, 상호간에 의견이 조화를 이루지 못한다면 그만큼 작은 인연이 되는 것입니다.

　인간이란 원래 바탕이 튼튼치 못하여 큰일을 시키려 해도 본인이 담아낼 그릇이 되지 못하여 감당치 못하는 경우도 있습니다. 본인이 감당치 못하면 감당하려 애쓰고, 자신의 생각이 절대로 옳은 것 같아도 스승이 말하면 그것이 옳은 줄 알고 자신의 생각을 바꾸어 나가는 과정이 바로 도의 길임을 알아야 합니다.

　제자란 자신의 인연을 가지고 나오는 것이며, 스승은 그 인연을 한층 더 발전시켜서 보내는 역할을 하는바, 제자가 안 받겠다면 그만인 것입니다. 마음이 고픈 자는 제자이며, 도의 세계는 냉정하여 필요 이상의 도움은 없는 것만 못한 것입니다.

　스스로 원하여 온다면 누구라도 받되, 가는 자 역시 막지 않고 두는 것이 도의 길인 것입니다. 가다 가다 자신의 길을 알아서 온다면 그 때 진정 자신의 길이 되는 것입니다. 따라서 한 번 간다고 영원히 가는 것이 아니며, 한 번 왔다고 영원히 오는 것이 아닌 것입니다.

　갈 사람은 가는 것이며, 오는 사람은 오는 것이 도의 길입니다. 스승의 도리는 누구든 따뜻이 받아 주고 길이 여기 있음을 알려 주는 것일 뿐, 그 이상도 그 이하도 아닌 것입니다. 앞으로는 발전 가능성만 기원해 주십시오.

알았습니다.

이로부터 필자는 수련생을 선별하던 것을 그만두고 오는 사람은 무조건 받아들이기로 했다.

95

○란시아

○란시아는 우주인의 메시지를 적은 것이다. 이 책의 경우 사람의 일보다 우주의 일에 중점을 두어 적은 것이며, 따라서 사람보다는 우주에 맞는 것이다. 이 책이 인간들에게 읽히는 이유는 사람의 일과 비슷한 것들이 있어서이나, 사실상 사람의 일이라기보다는 우주의 일인 것이다.

인간이 읽어야 하는 것은 인간이 선인이 되는 방법을 적은 책인바, ○란시아는 이러한 과정을 생략하고 우주에 대한 것만 적어 놓음으로써 수련생에게는 별로 도움이 되지 않는다고 할 수 있다.

수련생들에게 도움이 되는 것은 인간이 선화(선인화)하는 것이며, 따라서 수련 방법을 적은 것이라야 한다. 헌데 이 수련 방법이란 개개인이 전부 다른 것이므로, 어느 정도까지는 책으로 설명이 가능해도, 깊이 들어가면 어차피 개인적인 지도가 필요한 것이다.

인간이 섣불리 우주에 관한 것을 안다면 별 도움이 안 되는 이유는 수련보다는 아는 것 자체가 전부인 것으로 생각하게 되는 것 때문이다. 허나 아는 것 자체만으로 내 것이 되는 것이 아니며, 아는 것이 전부 내 것이 되어야 선화仙化가 가능한 것이다.

수련에서 가장 내 것이 되어야 하는 것은 기운이다. 기운이란 지구의 기운도 있으나 하늘의 기운도 있고, 우주의 기운도 있는 것이므로, 한 번에 모든 것이 변화되지는 않는다. 알에서 번데기가 되고 번데기에서 나방이 되는 과정과 같이, 인간의 경우도 외부적으로는 별 변화가 없는 것 같아도 내부적, 즉 영혼은 수없이 많은 변화를 거쳐서 가는 것이다.

이 과정에서 한 번도 탈피를 못하면 아무것도 없는 것과 동일한 것이다. 즉, 금생에 태어난 목적을 이루지 못하고 가는 것이다. 선화하고자 하는 인간, 즉 수련생에게 필요한 책은 수련에 관한 내용과 수련으로 가고자 하는 곳을 동시에 적어 놓은 책이며, 어느 한 부분만 적은 책은 일견 신비해 보이기도 하고, 호기심을 자극하기도 하나, 실상 본인에게 별로 도움이 안 되는 경우가 대부분인 것이다.

내가 알고 있는 것과 내 것이 다름을 알라.

• • • • • •
이 모든 것을 깎아내어 원형에 가까운 자신을 만드는 것이
수련인 것이다. 대부분의 인간들이 부족한 것을 메우며,
또는 넘치도록 남아도는 것까지도 더욱 가지려고 애쓰며 살지만,
남는 것은 결국은 부담이 되는 것이며,
부족한 것은 한이 되는 것이다.

천도 1

한 수련생의 부친이 별세했다. 내게 천도를 부탁해 왔다. 나 역시 공부를 하는 입장에 있는 수련생으로서 이런 일을 하는 것이 바람직하지는 않으나 인정상 청을 들어주었다.

* 천도 시 고인의 상황 :

구름과 비슷한 위치에 떠있다.
"자식과 특별한 인연이 있었던 것은 아니다. 허나 자식(○○○씨 내외)을 잘 두어 금생에 이만한 결과를 얻게 되었다. 속(俗)과의 인연이 너무 아쉬워 아직 떠나지 못하고 중천에 머물고 있으나, 자네의 집은 그 곳이 아니니 속히 속의 일을 잊고 상천으로 가도록 하라. 머물고 있음이 본인이나 자녀의 입장에서 보아 별로 도움이 되지 않는다."고 전하자 본인이 이해하고 마음이 상천으로 움직이므로 기운으로 밀어 상천으로 보냈다. 허나 본인의 미련이 깊어 3, 4일은 걸릴 것으로 보인다.

선생의 입장에서 선계의 바로 아래인 상천까지 천도하였으나, '속'에서 공부를 하지 못한 까닭에 이 정도만 가능한 것이다. 현재로서는 최선이며, 자녀가 진심으로 생각한다면 자신들의 정성을 담아 49재를 지내면 부친의 영혼을 목욕시켜 드릴 수 있으니, 이것은 자녀만이 가능한 것이다.

앞으로 살아 있는 동안 금생에 그 몸을 빌어 태어날 수 있었음에 대하여, 부모의 은혜를 잊지 않는 것이 중요하다.

천도 2

타인의 천도를 해주다 보니 필자의 친정 가족의 천도를 하지 못한 것이 걸렸다. 날을 잡아 천도를 준비했다.

《천도 첫째 날》

- **부친 문종구** (6.25전쟁시 이북에서 사망)

속(俗)에 남겨둔 처와 자식들의 안위가 궁금하여 아직도 영계에 머물며 속의 가족들을 내려다보고 있는 상태.

잘들 살고 있으며, 다른 사람들도 다 그렇게 살아가고 있으니 걱정 말고 귀천하십시오. 아버님께서 걱정한다고 해서 속의 가족들에게 도움이 되는 것은 아니며, 걱정을 하려면 본인 걱정을 하는 것이 속의 가족들을 도와주는 것입니다. 걱정 말고 가십시오.
그것이 오히려 가족들을 도와주는 것입니다. 인연은 이미 끝났으며 아버님께서 뿌린 씨앗이기는 하나 이미 아버님으로부터 독립한 지 오래 되었으며 그동안도 아버님 없이 잘만 살아왔지 않습니까?

당신의 아들인 제 오빠의 혼도 아버님 때문에 귀천에 방해를 받고 있으니 잘 생각해 보십시오. 아직 마음이 무거운 모양이시지만 이제 저의 의사를 전했으니 생각을 좀 해보십시오.

- **오빠 문성모** (9세 때 이남에서 질병으로 사망)

비교적 속의 물정을 몰라 귀천이 용이한 편이나, 부친이 마음으로 잡고 있어 귀천을 못하고 있는 상태. 부친이 마음을 정하면 쉽게 따라갈 수 있다.

- **외할아버지 최효준** (이북에서 사망)

도에 대한 관심이 없이 영계를 자신이 가야 할 곳으로 알고 살고 계신다. 나를 알아보지 못하신다.

자손들이 이제 귀천하시기를 빕니다. 어찌하시겠습니까?

내 자손들이 누구란 말이요?

외손들입니다.

외손, 누구요?

화영입니다.

아! 화영이, 잘 크고 있겠지요?

잘 크는 정도가 아니라 이제 외할아버님의 천도를 걱정할 만큼 영적으로 성장하였습니다. (사이) 할아버님. 저를 몰라보시겠어요?

 (감탄) 아! 그렇구나. 네가 막내 화영이구나!

이제야 찾아뵙게 됐습니다. 용서하십시오.
 …….

…….

 잘 컸구나…….

네. 모두 어머님 덕분입니다.
 잘 있겠지?

네…….
 …….

어서 오르시지요. 제가 안내해 드리겠습니다.
 …….

왜 안 올라가시고 계십니까?
 (존댓말로) 여기가 제 집 아닙니까?

아닙니다. 할아버님께서 가실 곳은 따로 있습니다. 자손들이 만들어 놓았으니 그리로 가시지요.

혼자 말입니까?

아닙니다. 할머님도 함께 가셔야지요.

두 분이 이러한 부분에 대한 얻음이 없거나, 있어도 생계生界와 사계死界의 문턱에서 잊어버린 까닭에, 영계가 자신의 대기 장소이며, 영영 영계에서 머물러야 하는 것으로 생각하고 계신다.

할멈. 할멈.

부르는데 말이 전달되지 않는다. 내가 있는 탓인가 한다. 또한 영계의 의사 결정은 자신이 하는 것이므로 외할머니에게 본인의 판단이 내릴 때까지 타령他靈의 간섭이 없어야 하는 까닭인 것 같다.

• **외할머니 김옥자**(이북에서 사망)

할머니, 어찌하시겠습니까?

뭘.

이제 돌아가셔야지요.

어디로 돌아가? 여기가 내 집인데.

아닙니다. 여기는 잠시 계시는 곳이고요, 천계로 가셔야지요.
　　천계가 어딘데?

조금만 가시면 됩니다. 할머님께서 마음만 먹으시면 되는 일입니다.
　　어떻게 마음을 먹어야 하는데?

가시기만 하신다면 제가 알려 드리겠습니다.
　　그런 가르쳐 줘바.

여기는 할머님께서 영원히 계시는 곳이 아닙니다.
　　그럼. 어딘데?

다시 올라가셔야지요.
　　어디로 가는데?

저 위에 하늘로 올라가셔야지요.
　　아무것도 없이 어떻게 올라가?

마음만 잡수시면 금방 올라가집니다.
　　저렇게 먼데(높은데)?

마음만 잡수시면 금방 가실 수 있습니다.

아니야. 힘이 없어.

아닙니다. 가실 수 있습니다.

할머니의 몸이 서서히 바뀌기 시작한다.

가만히 계시면서 더 생각해 보시지요.

글쎄.

마음은 이미 바뀌기 시작한다.

네 분 모두 2~3일 정도의 천도가 필요한 것 같다. 영계에 머무신 시간이 길어 금방 하려면 기운과 시간이 너무 많이 소모될 것 같다. 2~3일 만에 하면 힘이 많이 들지 않고 가능할 것으로 보인다.

《천도 둘째 날》

• 부친 문종구

행색은 중간 정도, 의복이 깔끔하며 선비의 티가 난다. 영계에서는 주렁주렁 달고 있는 것은 천한 티가 나므로 대개의 영들이 간편한 복장으로 있다. 간편하면서도 깔끔한 이러한 복장은 천도까지 이르지는 못하였어도 영적으로 상당한 정도에 있음을 보여준다.

생각을 좀 해보셨는지요?

여부가 있겠습니까? 속에 내려가 살펴보는 것이 도리가 아닌 줄 알아 영계에서 머물고 있었습니다만, 실상은 이제 잊어야 하는 것 아닌가 하는 생각을 하고 있던 참이었습니다.

그럼. 오르시지요. 제가 모시겠습니다.
　　잠시만 더 여유를 주시면 아니 될는지요?

무슨 일이 있으신지요?
　　그래도 이 곳에서 오래 있었는데 다소간 마음의 정리를 하고 싶어서 그럽니다.

상당히 정이 많으신 분이다. 천성이 과감하면서도 세밀한 곳까지 신경을 쓸 줄 아는 분이다. 대인임을 알 수 있게 한다. 아직 나를 알아보지 못하신다.

그러시지요. 속의 자손들이 속히 천도하시기를 기다리고 있습니다.
　　하기는 합니다만, 정리를 하고 하면 안 되겠습니까?

그러시지요. 마음 편하신 대로 하십시오.
　　그렇게 하겠습니다.

• 오빠 문성모

9세에 사망하였으나 영계에서 다소 자란 편으로 12~14세 정도의 모습을 하고 있다. 단정하며 부친의 성품을 따라 외유내강함을 느끼게 한다. 속(俗)에서 너무 빨리 영계로 들어 아직은 빨리 '속'으로 돌아가고픈 미련이 남아 있다. 나를 알아보지 못하고 있으나 내가 동생이라는 것이 알려지면 본인의 의사 결정에 영향을 줄 것이므로 모르는 척하며 짐짓 반말로 시작해 본다.

선계에 가서도 네가 수련을 원하면 다시 속계에서 수련이 가능하다. 부친께서도 마음을 정하신 것 같으니 너도 마음을 정하는 것이 어떠냐?

  부친께서 그리하신다면 저도 따르겠습니다.

그리고 네가 다시 태어나서도 금생의 인연들과 함께 하는 것이 아니니, 지금의 인연에 연연함은 별로 도움이 되지 않는 것이다.

  알겠습니다. 그런데 저는 왜 이리 빨리 오게 되었는지요?

너의 뜻이 아니다. 이미 지나간 것에 대하여 미련을 갖는 것은 우주에서도 도리는 아니다.

  알겠습니다. 아버님께서 귀천하시면 저도 따르겠습니다.

그와 무관하게 네 의사를 결정해야 한다. 그것이 가장 중요하다.

  알겠습니다.

마음의 결정을 하도록 하여라.

　　　그리하도록 하겠습니다.

• 외할아버지 최효준

역시 깔끔하신 모습으로 품격이 느껴진다.

생각해 보셨는지요?

　　　가야지요. 그런데 할멈과 함께 갈 수 있는지요?

그렇게 되도록 도와드리겠습니다. 우선 할아버님께서 마음을 정하셔야 합니다. 그래야 저희들이 도와드릴 수 있습니다.

마음이 서서히 바뀐다.

　　　저만 가면 어떻게 하는가요?

아닙니다. 각자가 가는 것입니다.

　　　알겠습니다.

마음이 많이 약하시다.

마음을 정하시지요. 시간이 많지 않습니다.

강조하여 다그치며 마음을 정하시도록 했다.

허나 다른 사람과 연계하지는 마시지요.

    알겠습니다.

잘 생각해 보십시오. 기회가 많지 않습니다.

    아직 알지 못할 미련이 많으시다.

- 외할머니 김옥자

    40대 정도로 바뀌어 있다.

어찌하시겠습니까?

    할아범은 어찌 하려는지요?

가실 것입니다. 마음을 정하시지요.

    좋소. 갑시다.

그럼, 조만간 모시겠습니다.

《천도 셋째 날》

- 부친 문종구

어찌하시겠는지요?

    가야지요.

가시지요.

    알았습니다.

뒷일은 걱정하지 마십시오.

    알았습니다.

    아직은 많이 걱정이 되시는 모습이다.

그렇게 걱정이 되시면 가벼이 오르시기가 힘듭니다.

    어찌하면 되겠습니까?

가벼워지실 때까지 시간을 드리겠습니다.

    속히 해결하도록 하겠습니다.

그렇게 하시지요.

- 오빠 문성모

어떠냐?

    저는 아버님의 뜻을 따를 뿐입니다.

그것과 무관하게 마음을 가벼이 하도록 해라.
    알았습니다.

많이 가벼워진 것 같다.

- **외할아버지 최효준**

기분이 어떠하신지요?
    상당히 가볍습니다.

그럼 제가 모시겠습니다.
    고맙습니다.

- **외할머니 김옥자**

가시지요.
    예.

얼굴에 웃음이 번진다.

그러겠습니다.

두 분은 위로 오르신다.

《천도 넷째 날》

• 부친 문종구

가시지요.
  그럽시다. 그런데 댁은?……!

 이제서야 자식임을 알아채신다.

아버님. 저, 막내 화영입니다.
  …….

……..
  이젠 거의 몰라보겠구나.

수련에 바빠 그간 뵙지 못하였습니다.
 고개를 끄덕이신다.
  이렇게 훌륭하게 컸구나.

이제는 마음을 놓으셔도 되시겠습니다.
  그런 것 같구나.

가시지요.

    그러자꾸나.

올라가신다.

- **오빠 문성모**

어찌하겠느냐?

    가겠습니다.

너의 판단이냐?

    그렇습니다.

다른 분이 아무도 너와 동행치 않아도 가겠느냐?

    가겠습니다.

확실한 것인가?

    (단호히) 네.

좋다. 나를 따라 오너라.

    두 분 다 중천으로 오르셨다. 중천에서 상천으로 다시 오르는 데 약 5~7일

정도가 더 소요될 것 같다. 오빠에게는 동생임을 밝히지 않았으나 얼마간 시일이 지나면 동생임을 알게 될 것이다.

천도

천도란 영이 등급을 높이는 것이니 이것에는 두 가지가 있다. 영계(하천)에서 중천으로 오르는 것과 중천에서 상천으로 오르는 것이다. 영계에서 중천으로 오르는 것은 지상의 선인의 힘으로도 가능하다.

영의 상태로 갈 수 있는 최상의 경지는 상천이며, 원칙적으로는 자손들이 정성을 다하여 밀어야 가능하다. 종교의 힘을 빌어도 상천 이상은 불가하다. 상천이란 수련을 하지 않은 인간, 즉 기운이 바뀌지 않은 인간이 갈 수 있는 최선의 경지이기 때문이다.

선인이 될 수 있는 방법은 수련이며, 이 수련으로 기운을 우주 기운으로 바꿔야 선인이 될 수 있다. 선계는 마음이 바뀌어 깨달음을 얻은 인간, 즉 선인이 있는 곳이며, 생시에 어느 정도 자신의 갈 곳을 알고 있었던 인간의 경우 바로 상천으로 가므로 한 등급 높여 선인화가 가능하다.

상천에서 선계로 오르는 것은 이 우주에서 마지막 탈피이다. 완전히 수련을 한 수련생은 스스로 진입이 가능하며, 수련이 깊어 우주의 기본 원리를 완전히 알고 있는 수련생은 수련이 상당한 경지에 이른 선인의 도움을 받으면 선계 진입이 가능하다.

《천도 다섯째 날》

• 부친 문종구

천도를 한 번 해보시니까 어떠하신지요?
이렇게 좋을 줄 알았으면 진즉 하는 것인데 모르고 있었구나.

그러시지요? 한 번 더 위로 오르시지요.
이 위에 더 좋은 곳도 있단 말이냐?

있습니다. 제가 모시고자 하는 곳입니다.
그렇구나. 그렇게 좋은 곳도 있구나.

가시지요.
그러자. 그런데 다른 사람들은 어찌 되느냐?

혼자만 결정하시지요.
알았다. 가겠다.

혼자 가시는 것에 대하여 약간의 불안을 가지시는 것 같으나 마음속으로 함께 올라갈 수 있을 것이라고 생각하시는 것 같다.

그럼, 잠시 후 모시겠습니다.

• 오빠 문성모

중천에 오르니 어떠냐?
　　아주 좋습니다.

어떻게 좋으냐?
　　우선 기후가 좋습니다. 항상 따뜻하고, 먹을 것이 풍부합니다. 무엇보다 모든 사람들이 걱정이 없는 것 같아 좋습니다.

그러냐. 한 번 더 올라보면 어떠냐?
　　여기보다 더 좋은 곳도 있습니까?

오를 것인지 아닌지에 대한 것만 결정하거라.
　　가겠습니다.

다른 사람이 걱정되지 않느냐?
　　다른 사람은 생각하지 말라고 하셨지 않사옵니까?

너만을 위해야 한다는 뜻이 아니라 모든 사람을 다 위해야 하는 것은 도리로되, 네 의사가 가장 중요한 변수이며, 이 순간에 다른 파장이 개입되는 것이 가장 바람직하지 아니 하므로 하는 말이다. 천도란 것이 쉬운 것이 아니므로 천도의 순간에는 전력을 다해서 임해야 하는 까닭이다.

알겠습니다.

준비하도록 해라.

알겠습니다.

아주 좋아한다.

- 외할아버지 최효준

오르시니까 어떠하신지요?

아주 좋아요.

활짝 핀 얼굴이다.

그러시다니 다행입니다. 한 번 더 오르시지요.

아니 이보다 더 좋은 데가 또 있습니까?

그럼요. 이곳은 아주 좋은 곳은 아닙니다.

그렇군요. 더 올라도 되는지요? 올라갈 수 있는지요?

있구 말구요. 한 번 올라 보시니까 이제는 쉽게 오르실 수 있겠지요?

그럴 수 있을 것 같습니다.

그럼 준비하시지요. 제가 모시겠습니다.

• 외할머니 김옥자

할머님도 한 번 더 오르시지요.
    이것도 너무 좋은데 염치가 없어서 어쩌나.

아닙니다. 외손녀를 잘 두신 덕분입니다.
    그나저나 젊은이는 누구요?

아주 가까운 사람이라고 아시면 됩니다.
    여기서?

지금까지의 전생과 지금, 그리고 앞으로를 통틀어서 말씀입니다.
    왜 그래?

할머님께 갚아야 할 마음의 빚이 있었나 봅니다.
    그래~.

가시지요.
    그래. 한 번 더 신세집시다.

제가 모시겠습니다.

자-. 지금부터 네 분이 함께 오르십니다.
발밑을 절대 보지 마시고, 위로만 보십시오.
푸른 하늘이 보이지요?
그 하늘로 오르십니다.
이 하늘의 위로 올라가시면 다른 세상이 있습니다.
그 하늘로 가시는 겁니다.
자-. 이제 올라갑니다.

파장이 흐트러지니까 아무 말씀도 하시지 마시고, 그대로 위로 올라갑니다. 제가 편히 모실 수 있으나 한 번은 본인이 직접 해보시는 것이 좋습니다.

앞으로 본인이 직접 다시 한 번 하셔야 하므로 지금 한 번 해보시는 것이 많은 도움이 될 것입니다.

자-. 멀리 보이지만 멀지 않습니다. 아직 속俗에서의 습習이 몸에 배어 있는데, 여기서는 본인이 뜬다고 생각하면 뜨는 곳입니다. 바닥에 붙어 있는 것은 본인이 아직 바닥에 붙어 있다고 생각하므로 그런 것입니다.

자-. 뜹니다.
네 분 모두 뜹니다. 올라갑니다.
되시죠?
자-. 올라갑니다.
네. 잘하고 계시는군요. 자, 올라갑니다.

풍선처럼 네 분이 모두 앞서거니 뒤서거니 하며 오르신다.

절대 아래를 보시지 마십시오.

이 때 잘못 내려다보면 까마득한 아래의 모습을 보는 순간 파장이 분산되어 다시 중천으로 가라앉는 수가 있다.

한참을 올라간 후

이제 됐습니다. 아래를 보셔도 됩니다.
    (아버님) 아니 아무것도 없지 않니?

자세히 보시지요.

저 아래 구름 속으로 풍광이 수려한 산이 보인다.

    (아버님) 아ㅡ. 저 산이 어디냐? 금강산보다 더욱 아름답구나!

중천의 산입니다. 한번 보시겠습니까?
    내려가도 괜찮으냐?

이제는 무관합니다. 다시 오르고 싶으시면 언제고 오르실 수 있습니다. 완전히 양력이 생겼습니다.
    그렇구나. 그럼 한번 보고 싶구나.

그러시지요. 상천에 오르시면 나중에 다시 오실 기회가 별로 없으니 한번 보시고 가시지요.

네 분께서 자연스레 날며 산세를 구경하시고 다시 오르심.

다시 날아올라서 상천 도착.

따뜻하지만 약간 서늘한 날씨가 지상의 초봄 같다. 풀이 생기 있게 돋아 있다.

여기가 상천입니다. 지금은 약간 어설프지만 속과 중천의 습을 버리면 금방 좋아지실 것입니다. 걱정 마시고 잠시 계시면 상천에서 모시러 올 것입니다. 안녕히 계십시오.
    (아버님) 고맙다. 화영아.
    (오빠) 고마워요. 누나.

누나가 아니라 막냇 동생입니다.
    동생 화영이…….

잘들 계십시오.

저쪽에서 모시러 오는 선인들이 보인다.

중간점검 1

선생으로서 잘하고 있습니까?

　잘하고 있다. 그 이상 할 수는 없다. 선생의 가장 중요한 조건은 제자에게 마음을 주는 것이며, 이 조건이 충족되어도 받아들이지 못하는 것은 상대의 잘못이라고 할 수 있다.

　제자의 수가 늘어나면서 선생의 마음 씀씀이를 모두에게 예전과 같이 할 수는 없는 것인바, 이러한 경우 모든 사람의 시각에서 선생이 예전과 동일하게 행동한다는 인식을 주는 것으로 충분하다.

　현재의 경우 최선을 다하고 있는 것이며, 이 이상 할 수는 없다.

　상담하는 것에 대하여 신경을 많이 쓰고 있으나, 현재 단계에서 수련 지도 다음으로 중요한 것이 외부로 알리는 것인바, 우선 외적으로 알리는 것에 신경을 쓴 후, 내부에서 챙겨야 할 것은 상담 지도이니 일지를 만들어 자주 확인해 보고 세밀히 신경을 쓰도록 함이 좋다.

99 물物에 대한 공부

한 수련생이 빚보증을 잘못 선 관계로 수천만 원의 빚을 지고 나서 4, 5년이 지난 지금에 와서야 다 갚았다고 한다. 그 일이 전생의 업과 관련된 것인지에 대해 문의해 왔다. 선계를 향해 인사하고 수련에 들자 붓을 든 한 중년의 남자가 나타난다.

그 건에 대하여는 제가 말씀드리겠습니다.

누구냐?

지령령地靈靈입니다.

자네가 어찌 아는가?

인간의 생로병사는 하늘의 일이나, 그 외의 일은 지상의 일이며, 지상에서 집행 후 하늘에 보고하는 것으로 되어 있사옵니다.

무슨 말인가? 그런 일이 생기면 병이 되는데, 병은 하늘의 일이라면서?

병이 되기 전에 그러한 일이 생기는 것은 인간을 가르치기 위한 것으로 마음가짐에 따라 더욱 큰 것을 얻을 수 있기 때문입니다.

그러한 가르침은 하늘의 '스케줄' 아닌가?

지상의 모든 일이 다 하늘의 일정대로 움직이는 것이옵니다. 그 중의 일부로서 이러한 일이 사람의 일 중에 생기는 것이옵니다.

이 일과 자네는 어떠한 관계인가?

정鄭의 일은 제가 관여하고 있사옵니다.

영계의 보호령이다.

어찌 그렇게 되었는가?

저는 원래 정씨 가문에서 몸을 받아 공부를 하고 영계로 돌아온바 있사옵니다. 현재는 당시 지속적인 공부의 덕분으로 영성의 성장이 계속되어 선계의 입구에까지 도달하였습니다. 정은 이번 일로 상당한 영적인 성장을 하였을 것입니다.
본 건에 관하여는 받아야 할 돈을 받아도 좋고 안 받아도 좋으나, 본인이 원하는 대로 해보면 다시 배움의 길이 열릴 것입니다. 어느 쪽으로 가도 관계없습니다. 본인이 하고 싶은 대로 하면 될 것입니다.

다만 이번 일은 본인의 업業과는 무관한 공부의 바탕을 조성하는 공사의 일부입니다. 본인은 이번 일로 인하여 많은 것을 생각하게 되었을 것이며, 따라서 공부에 드는 마음가짐이 종전보다 새로울 수 있을 것입니다.

좋은 방법이 없는가?

수련을 하면 고난이 더 오는 이유는 하늘이 진정 공부를 시켜보겠다는 생각을 실행에 옮기는 까닭입니다. 제자로 받아들이지 않겠다면 고생을 시킬 이유가 없습니다. 정鄭의 경우 받아도 고생, 안 받아도 고생이겠으나 본인의 마음을 정리할 방법을 알았으니, 이번 기회를 물物에 대한 마음을 정리하는 계기로 삼는 것이 좋을 것 같습니다.

알았네. 열심히 하게.

그리하도록 하겠습니다.

100

아내의 가출

알고 지내는 사람의 아내가 말없이 가출하였다. 집안 어른들의 걱정이 태산이므로 가출인의 행방을 알아보기 위해 영체를 불렀다. 이런 경우 보호령을 부르는 것이 상례이나 보호령이 없는 경우에는 직접 영체를 부를 수밖에 없다.

선계를 향해 인사하자 소복을 입은 청백색 기운의 여자가 나타난다. 이런 기운은 이미 사망한 사람의 것이지만 아직 사망까지는 아닌 것 같다. 마음이 이미 저승에 가있는 것이 이런 식으로 표현된 것이다.

누군가?
　　본인이옵니다.

자네의 인생이 그러한 줄 몰랐던가?
　　몰랐습니다.

그래. 이제 어찌할 텐가?
　　따를 뿐이옵니다.

어떻게 따르겠는가?

    시키시는 대로 하겠습니다.

자네의 기운이 그렇게 움직이니 억지로 돌리고자 하는 것은 아니네만, 혹시 다른 생각을 하는 것은 아니겠지?

    생각을 해본 것은 맞습니다만, 실천을 하는 것이 쉬운 일은 아니옵니다.

그렇다네. 생각을 돌려봄이 어떤가?

    이미 이승을 떠났는데 어찌 생각을 돌릴 수 있겠습니까?

확실한가?

    그렇습니다.

언제인가?

    2, 3일 되었습니다.

꼭 그렇게 해야 되었나?

    저도 모르게 그렇게 되었습니다.

어찌하려고 그랬는가?

    모두 제가 부족한 탓입니다.

잘 알면서 그렇게 할 수밖에 없었는가?
    인간으로 있을 때는 그런 것을 잘 모르고 있었사옵니다.

이제 알았으니 어쩔 텐가?
    돌아가고 싶습니다.

어찌 돌아갈 텐가?
    몸만 있으면 가고 싶습니다.

몸을 구해주면 돌아가겠는가?
    예. 돌아가고 싶습니다.

…….
    …….

정말 돌아가고 싶은가?
    네. 돌아가고 싶습니다.

돌아가서 어찌할 텐가?
    받아들이고 살겠습니다.

무엇을 받아들이고 살겠는가?

운명을 받아들이고 살겠습니다.

운명이란 무엇인가?

자신이 걸어가야 할 길입니다.

자네는 어떻게 걸어가야 하는가?

정해진 대로 갈 뿐입니다.

정해진 대로 가면 어떻게 되겠는가?

대화가 되기 시작한다.

(한숨)……. 아닙니다. 노력하며 살겠습니다.

어떻게 노력할 것인가?

영격 상승을 위해 노력하겠습니다.

자네의 영이 어떤가?

너무도 부족한 상태였습니다.

그러한 자네를 밝히려면 어떻게 해야 하겠는가?

공부를 해야 할 것 같습니다.

공부를 어떻게 하겠는가?

　　선생님을 따라서 하겠습니다.

　안색이 붉어진다.

자, 이제 살아날 기반은 조성되었네. 중요한 것은 의욕이네. 살아날 텐가?

　　네.

살아서 어떻게 할 것인가?

　　열심히 살겠습니다.

앞으로의 일은 내 소관 밖이네.

　못을 박는다.

　　　알겠습니다.

　마음이 돌아선다. 추이를 본 다음에 몇 번 더 만나기로 한다.

생활과 수련과의 문제

한 수련생이 수련에 들기 전 벌여놓은 생활에 관한 문제로 인해 수련이 진전되지 않는다. 이에 대해 남사고 선인에게 문의하다.

남 선인. 수련에서 생활 문제의 답을 구하는 것은 어떻습니까?

가능합니다. 그러나 가급적 삼가야 할 일 중의 하나입니다.

어째서 그렇습니까?

우선은 자신에게 부여된 업무는 스스로 해결해야 함이 도리이옵고, 이것을 남에게 의탁하면 자신의 능력이 더 이상 신장하지 않기 때문입니다. 둘째는 이로 인하여 업이 됩니다. 자신이 스스로 처리하지 않는 부분은 누군가가 처리해야 하고, 누군가가 처리한 것은 그 사람에게 빚을 지게 되는 것과 같은 이치입니다.

선생이 대신 그 짐을 진다면 어떻게 됩니까?

선생이라고 해서 무한정 짐을 져줄 수는 없는 노릇입니다.

선생의 임무는 도를 구하는 올바른 길을 제자에게 전달함에 있지, 편법을 가르치는 것은 아닙니다.

그러한 것을 편법이라고 할 수 있나요?

편법입니다. 하지만 이러한 것도 있습니다.

어떤 것입니까?

제자의 힘겨움을 보다가 잠시 가방을 받아주는 것 같은 경우입니다.

그러한 것은 또 무엇입니까?

세상을 살다가 어려운 일에 닥쳤을 때 스승이 잠시 매를 피할 수 있도록 해주는 것입니다. 이러한 것은 업이 될 소지가 없을 뿐더러 상호간에 믿음을 줄 수 있도록 해주는 것으로 선생으로서 필요한 것이기도 합니다.

어떻게 해야 합니까?

인간의 일이므로 100% 가능성이 있는 것은 아니며, 가장 중요한 것은 본인의 의지가 결집되도록 하는 것임을 말씀드렸습니다. 따라서 이것에 대한 절대적인 믿음이 깨지지 않도록 해준다면 가능할 것입니다. 스승의 힘이 아니라 본인의 힘이되, 본인의 흩어진 힘을 결집시켜 줌으로써 돌파구를 찾도록 해주는 것입니다.

어떠한 방법이 있겠습니까?

  여러 가지 방법이 있습니다. 우선 본인이 수련에 들 것을 맹세해야 합니다. 다음으로 본인이 이 일이 해결되면 어떻게 하여야 하겠다는 것을 결정해야 합니다. 다음, 이 일이 종료되면 평생 하늘의 일을 할 것을 맹세해야 합니다. 그렇지 않으면 자신이 그 빚을 다 갚아야 하므로 너무 힘들 것입니다.

그 다음은 어찌하나요?

  그렇게 하면 도와줄 수 있습니다.

어떻게 도와주겠습니까?

  다양한 방법 중 가장 간단하고 효력이 있는 방법으로 도와드리겠습니다.

그 방법이 무엇입니까?

  작은 표를 하나 보내겠습니다. 이 표를 지니고 다니며 이 표의 힘을 절대적으로 믿으면 차츰 풀리기 시작할 것입니다.

알았습니다. 언제 보낼 것입니까?

  지금 보내겠습니다.

무슨 일인지 알고 있습니까?

잘 알고 있습니다.

무슨 일입니까?

    토지와 집 매매 건입니다.

됐습니다. 시작하십시오.

    선생님께서도 가능하신 일입니다.

그래도 남 선인이 이 방면에는 더 낫지 않겠습니까?

    그렇기는 하옵니다.

자. 그럼 받겠습니다.

    알았습니다. 아래 그림을 시계 반대 방향으로 돌려가면서 항상 기운을 퍼 올리며 다니면 됩니다. 힘을 끌어 올리므로 원하는 바가 성취될 것입니다.

알았습니다. 오늘은 이것을 받고 끝내는 것으로 하십시다. 내일 다시 보시지요.

102
살기 좋은 곳

한 수련생이 낙향하겠다고 하여 남사고 선인에게 희망지에 대해 문의해 보았다.

양○은 어떻습니까?

　양○은 좋은 곳입니다. 사람이 살기 좋은 곳을 고르는 조건으로는 네 가지가 있습니다. 이 중 세 가지는 하늘이 정해주는 조건이며, 한 가지는 인간이 갖추어야 할 조건입니다.

하늘이 정해주는 조건으로는 우선 공기가 좋아야 하고, 물이 좋아야 하며, 토질이 좋아야 합니다. 이 세 가지 조건을 갖추고 나면 이러한 조건들을 조화시키는 역할을 하는 사람이 있어야 한다는 사실입니다.

이 세 가지 조건과 사람의 노력이 합해지면 농사가 잘되고, 농사가 잘되면 인심이 후해지고, 인심이 후해지면 마음이 평온하여 수련의 기본 조건이 갖추어지는 것입니다.

천연의 조건은 정해지는 것이나 인간의 힘을 어떻게 사용하는가 하는 것은 지금부터 말씀드리겠습니다.

인간의 마음은 천지에 영향을 미칩니다. 이 천지에 미치는 영향이 자신의 주변에도 미치는바, 우선 자신 주변의 기운을 정갈하게 한 후 이 정갈한 기운의 범위를 넓히고, 이 범위가 넓혀지면 그 기운을 더 정화하여 아주 맑음으로 가는 것입니다.

양○에는 다양한 기운이 혼합되는 곳이 있습니다. 전역이 대체로 그러한 곳이며, 한반도의 기운을 전체적으로 살펴볼 수 있는 곳이기도 합니다.

양○지역의 기운이 전체적으로 약간 삭막한 것같이 느껴짐은 기운이 거친 탓이며, 이 거친 기운은 받아들일 수 있으면 약이 되나 받아들일 수 없으면 별로 도움이 되지 않는 기운입니다. 따라서 수련이 어느 정도 되면 좋은 것을 알 수 있으나, 수련이 별로 되지 않은 사람인 경우 좋은 것을 잘 모를 수도 있습니다.

양○에서 주의할 것은 기운을 모르는 사람에게는 별로 좋은 곳이 아닌 것 같다는 생각이 들 수도 있다는 점입니다. 허나 약간의 수련을 한 사람이라면 좋은 곳임을 금방 알 수 있습니다. 양○에서 본다면 ○○면 ○○봉 기슭을 보면 좋을 것으로 보입니다. 기운이 모인 것을 사열할 수 있는 곳으로서 비교적 괜찮을 것으로 보입니다.

알겠습니다.

보호령 1

한 수련생이 타 수련과 병행하면서 필자가 우주인이라는 등의 말을 한다고 한다. 수련생의 보호령을 불렀다. 시골 노인네 같은 풍채의 노인이 나타난다.

○○의 지도령입니다.

어찌해서 그러한 일이 생기도록 하였는가?

어찌할 바를 몰라 한다.

선생님의 일이신 줄 모르고 그런 것 같사옵니다.

그래서 어찌 하겠는가?

얼른 본인에게 타일러 마음을 잡고 수련에 정진하도록 하겠습니다.

자네의 힘으로 안 되면 어떠한 방법이 있는가?

되도록 해보겠습니다.

어떻게 하겠다는 것인가?
　　본인의 혼을 잡고 설득하여 제정신으로 돌아오도록 하겠습니다.

왜 아직 그렇게 하지 않았는가?
　　하늘의 일인 줄 모르고 그랬사옵니다.

어찌 그러한 것을 모른다는 말인가?
　　저의 불찰이옵니다.

안 되면 자네가 책임지겠는가?
　　그리하도록 하겠습니다.

어떻게 책임을 지겠는가?
　　함께 사라지는 한이 있더라도 해보겠습니다.

결과를 지켜보겠네.
　　노력하겠습니다.

가보게.

이어 본인의 영을 호출했다.

어찌해서 그러한 말을 하고 다니는가?
저도 모르는 일이옵니다. 저의 혼은 아니옵고, 아마도 다른 혼이 씌워서 그러한 행동을 하고 다니는 것 같사옵니다.

자네의 힘으로는 안 되겠는가?
아무래도 제가 주인이므로 노력해 보겠습니다.

기다리겠네.
노력해 보겠습니다.

선계란 우주이다. 본 수련의 목적은 선계, 즉 우주로 돌아가자는 데 있다. 수련생치고 우주와 인연이 없는 사람이 있는가? 수련을 열심히 하자는 뜻이 바로 우주로 돌아가자는 것이며, 이러한 목적을 달성하자는 것이 바로 수련이다.

104
기운의 역류

한 수련생의 기운이 하단에서 상단으로 역류한다. 본성에게 문의.

섭생을 잘못해 몸 안의 기운이 역류하기 때문이다. 기운이 상승할 때 방향을 잘못 잡으면 그러한 일이 생길 수 있다.

절대로 초식을 생활화하고 가급적 육류를 멀리하며, 항상 아래로 내리는 수련을 생활화하라. 몸의 기운을 역행시킬 우려가 있는 화학 섬유 옷을 멀리하고, 면이나 모 등 자연 섬유 계통의 옷을 입어야 된다.

시간이 흘러 기운의 흐름 방향이 잡히면 자연스레 해결될 수 있는 일이나, 그동안은 주의를 요한다. 기운을 임독맥 방향으로 흘리고, 육기조화 수련을 매일 2회 정도 할 것.

특히 중요한 것은 항상 단전에 마음을 두는 것이다.

전신 마취

자궁 근종 수술을 한 수련생이 욕실에서 넘어졌다고 한다. 본성에게 문의.

전신 마취로 인한 건강상의 문제는 다소 시간이 걸린다.

우선 안정을 찾고, 휴식을 취하며 하루 수련 시간은 1시간 30분을 넘지 않도록 해야 한다. 신속한 치료를 요하면 병원 치료를 병행하며, 섭생을 주의하라.

가급적 아주 짜거나, 아주 달거나, 아주 매운 맛 등 극한 맛을 피하고, 부드러운 음식 위주로 섭생해야 한다.

부부 수련생

한 부부 수련생에 대하여 본성에게 문의하다.

○○○

수련생으로서의 관계이며, 그 이상도 그 이하도 아니다. 그러므로 차후 타 수련생에 대한 선생의 수련 지도에 대하여 관여함은 금기 사항이다.

금생에 가장 중요한 일이 수련이며, 이 수련을 위하여 지금까지 걸어왔음을 알아라. 수련은 금생의 목표이자 하지 않으면 안 될 과제인 것이다. 이 수련을 위하여 지금까지를 헤매며 살아왔던 것이다.

수선재는 금생에 자신을 구해줄 유일한 곳이며, 이 수선재에서 뼈를 묻을 각오로 임하면 결국에는 자신의 모든 것을 얻을 수 있다.

의술이 본업인가?

의술은 본업이 아니다. 자신의 능력을 개발해 줄 방법 중의 하나일 뿐이다. ○의 경우 의술에 입문함으로써 현재까지의 시행착오를 겪을 수 있었으며, 이 시행착오는 앞으로의 수련에 상당한 도움이 될 수 있을 것이다.

본인의 입장에서도 현재까지의 일상생활이 별로 바람직스럽지 못했음은 알고 있을 것이다. 이 알고 있음이 가장 중요한 것이며, 이것에서 발전의 가능성이 발아하는 것이다.

의술이란 인간의 몸에 대하여 연구하는 것으로서, 인간의 몸은 곧 우주 그 자체이니 수련생에게 절대적으로 필요한 것임은 물론 인간의 삶에 있어서도 가장 큰 지식이다.

따라서 수련생은 자신의 입장에서는 물론 타인을 구제하기 위하여서도, 인간의 몸, 즉 우주에 대한 지식이 필요한 것이다. 따라서 우주의 일정에 따라 의술을 익힌 것일 뿐 본업은 수련이다.

허나 수련만 해서는 생활이 어려울 수 있으므로, 수련을 하기 위한 방법으로서 의술을 택하는 것은 상당히 유용한 방법이다. 목적이 아닌 자신의 뜻을 펴는 수단으로서는 가장 나은 것이 의술이라고 할 수 있다.

자신보다는 남을 위하여 의술을 발전시키고 보급시키도록 해야 된다. 허나 어디까지나 2차적인 목적으로 임하는 것이 좋다.

수련 지도

자신의 것을 얻는 것이 가장 중요한 목표이다. 자신의 것을 얻기 위하여 자신이 누구인가를 알아야 한다.

자신이 누구인가를 아는 것은 이 수련의 가장 기본이자 중요한 것이다. 수련의 목표는 원래의 자신을 찾고, 그 자신이 예전의 자신 이상으로 발전하도록 하는 것이 금생의 목표인 것이다.

O과 같이 앞으로 수련에 중요한 역할을 담당할 사람의 경우 특히 자신을 아는 지아수련知我修練이 중요하다. 대충 갈 사람은 자신을 깊이 몰라도 가능하나, 상당한 발전을 이룩할 수련생의 경우 자신을 깊이 알아야 할 절대적인 필요성이 있기 때문이다.

우선 호흡에 치중하고, 영적인 발전은 천천히 하도록 하라. 처의 수련 진도에 자극받아 급히 서두르려 할 것이나, 처의 진도 역시 급히 나아가는 것이 아니며, 천천히 가야 함을 인식시키도록 해야 된다.

절대적으로 호흡에 치중할 것이며 호흡에서 모든 것을 싹 틔워야 한다. 호흡 외에는 생각하지 말아라.

○○○

금생에 O을 통하여 이루고 갈 것이 있다. 마음이 상한 바도 많이 있었을 것이나, 결국은 O을 통하여 모든 것을 얻을 수 있으니 만큼 O의 일상에 대하여 좋은 것은 좋게 생각하고 나쁜 것은 생각하지 말아라.

수선재를 통하여 영혼의 잠이 깰 것이다. 금생에 자신의 모든 것을 버릴 수 있다고 생각한다면 모든 것을 얻을 수 있다.

의술에 관한 부분은 ○과 동일하게 생각할 것이며 자신을 알고 싶으면 지속적으로 수련에 임하라. 지금부터 닥치는 일상의 모든 것이 수련임을 명심하라.

수련 지도

초현상에 집착하지 말고 일상적인 호흡 수련에 주력할 것. 장기간의 수련에 가장 중요한 것은 호흡이다. 호흡 수련에서 벗어남은 곧 단기 수련으로 들어감을 말해주는 것이다.

마라톤 선수는 생각으로 달리는 것이 아니며, 호흡으로 달리는 것이다. 단거리 선수와 달리 이미 활주로에 진입하였음을 알라. 어떠한 망설임도 허락되지 않는다. 어떠한 일이 있어도 금생에 모든 것을 털어 버리고 귀천할 수 있도록 할 것.

호흡이다. 기운의 변화에 근거하지 않고는 모든 것이 어렵다. 기운의 변화를 유도하는 것은 호흡이다.

1998년 송년 메시지

모두에게 한 해가 힘겹게 지나갔다. 이러한 힘겨운 한 해는 계속 오는 것은 아니며, 그렇다고 아무 때나 오는 것도 아니다. 기적氣的으로는 속俗의 기본 리듬 중의 하나이며, 이러한 리듬은 전에도 있어 왔고, 앞으로도 있을 것이다.

국가적으로 기가 약한 상태를 유지하는 것은, 개인이나 사회 등 전체적으로 기가 약한 상태가 지속되는 것이므로 전부에 영향을 미칠 것이다. 시련은 아무에게나 오는 것이 아니요, 시련을 시련으로 받아들일 수 있는 사람에게 오는 것이 진정한 시련이다.

모든 사람에게 어려운 한 해이며, 이 한 해가 미치는 영향은 다가오는 2000년대를 보다 알차게 보낼 수 있는 준비 기간이 되는 것이다. 모든 것이 인간의 일에서 선인仙人의 일로 변화함에는 인간들의 수많은 노력이 필요하다.

선인들은 자신의 업무가 아닌 이상 인간 개인의 일에 자신의 기운을 소모하지 않는다. 어떠한 인간을 위하여 기운을 사용한 것은 그것이 그 선인의 임무였기 때문이다.

　금년 정도의 힘겨움은 모두에게 입에 쓴 약이 되는 것이니 기쁘게 맞이하여야 한다. 특히 수련생의 입장에서는 기쁜 마음으로 받아들여야 하는 한 해이다.

　국가적인 상태가 기적氣的으로 바닥을 치는 것은 상당히 조심하여야 할 일이나, 이미 바닥을 치고 오르는 시기로 접어들면 수련생의 수련에도 호기가 되는 것이다. 이러한 호기는 500여 년 만에 한 번씩 오는 것이다.

　이러한 기적 저하기는 일면 어려운 점이 있을 것이나, 수련생의 입장에서는 예전에 수련생들이 귀머거리 3년, 벙어리 3년, 소경 3년의 기간을 보내는 것과 마찬가지인 효과를 가지는 것이니, 가장 반가워해야 할 일 중의 하나이다.

　금년을 무사히 보낸 수련생의 경우 앞으로는 더욱 발전의 여지가 커지는 것이다. 허나 기적인 변화는 작은 것이며, 근본적인 마음자리가 바뀌는 것만이 가장 큰 수련의 결과라고 할 수 있는 것이니, 마음의 움직임을 잘 파악하여 빗나가지 않도록 유의하여야 한다.

　이 공부의 근본적인 목적이 바로 마음, 즉 우주에 대한 공부임을 잊지 않도록 하라. 수련생의 입장에서 마음고생은 사서도 하는 것이다.

새해를 맞이하며

새해는 수련생들이 가장 조건이 양호한 수련 기회를 맞이하게 되므로 앞으로 수련을 함에 있어 많은 도움이 될 수 있는 해이다.

사회 경제적인 제반 여건은 속俗을 이끌고 있는 사람들의 수준이 결정하는 것이므로, 금년보다 크게 나아짐이 없을 것이나, 이러한 모든 것들이 수련생들에게는 긍정적인 도움을 줄 것이다.

일반적인 여건은 나아지는 것도 있고, 못해지는 것도 있을 것이나, 수련생들의 수련만이 나아질 수 있는 이유는 기적으로 이미 바닥을 친 이상 모든 면에서 향상의 조짐만 보일 것이기 때문이다.

이렇게 전반적인 기운이 상승세를 타는 시기에는 수련생들의 노력 이상으로 각자의 수련 진도가 상승세를 탈 수도 있으니, 이러한 과정에서도 자신이 스스로 노력하여 다져진 것과 같은 상태가 될 수 있도록 수련 시의 노력과 정성을 배가하는 것이 중요하다.

이 과정에서 가장 중요한 것은 선생의 가르침에 따라 마음을 비워내는 연습을 하는 것이다. 공심수련空心修鍊은 하면 할수록 마음이 편해지는 것은 물론, 진정한 수련의 묘미가 어디에 있는가를 알게 되는 것이다.

원래 모든 것은 비어 있는 것이며, 이 비어 있음이 곧 가득 차있는 것임을 아는 것은 수련의 기본이 확고히 굳어졌음을 말하는 것이다.

이 수련은 무엇을 얻고자 하는 것이 아니라 무엇을 버릴 것인가 하는 수련이며, 자신이 비운 자리를 새로운 것으로 채워주는 것은 하늘의 일이다. 즉, 본인이 한 것만큼 채워주는 것이며 이 채워진 결과를 다시 비울수록 더 큰 결과가 오는 것이다.

수련 중 다가오는 긍정적, 부정적 변화 역시 모두 버려야 할 것들이며, 이것들을 버리면 버릴수록 본인에게 유리한 더욱 큰 것이 다가오는 것이다. 하늘은 절대 공평치 못한 결과를 가져오는 법이 없으며, 기존의 결과 위에 새로운 지침을 내릴 때에도 항상 모든 것을 고려한 것을 내려 보내는 것이다.

자신에게 돌아오는 것에 대하여 불만을 갖지 말고 항상 감사하는 마음으로 대하며, 지속적인 수련을 하다 보면 언젠가 자신도 모르는 사이에 진정 자신의 모습이 대인으로 변하여 있음을 알게 될 것이다.

새해는 진정 모두에게 수련의 길을 갈 수 있음에 대한 희망을 줄 한 해가 될 것이다.

명부 2

○○○

사람이 그만하면 괜찮다. 인간이라고 모두 인간이 아니며, 인간다워야 인간이라고 할 수 있는바, ○의 경우 인간다움을 가지고 있는 친구이다.

이러한 인간다움의 가장 기초는 생각이 있느냐 하는 것이다. 인간다움이란 짐승과 달리 발전 지향적인 생각을 가지고, 인간 이상으로 진화할 수 있어야 한다.

생각이란 자신의 현재 위치를 알고, 그 위치에서 진보하기 위하여 어떠한 일을 하여야 하는가에 관한 것이다. 이 할 일 중에는 여러 가지가 있으나, 그 중에서 가장 중요한 것이 바로 생각이며, 이 생각하는 일은 인간으로서 가장 기본적인 덕목인 것이다.

자신의 행동에 대한 생각, 이것은 인간이 만물의 영장임에 대한 표시이자, 앞으로 인간 이상의 위치가 가능함을 예견해 주는 것이다. 이 생각은 문학, 예술, 사상, 정치, 사회, 모든 제도 등 다양한 형태로 표출되는바, 이 중에서 가장 바람직스러운 것은 바로 자기 자신에 대한 성찰이다.

모든 것은 대부분 자신이 존재하는 환경과 관련된 것들이며, 그 생각의 방향이 상호간에 수평적인 경우가 대부분이다(생각의 방향이 상향이면 발전 지향적이며 수평이면 현 위치 고수형).

그러나 수련에 관한 생각은 가장 상향上向적인 생각이며, 이 중에서 자신의 존재에 대한 생각은 수직적인 사고로서 가장 급상승의 각도를 가진 생각인 것이다.

수련생으로서 가장 중요한 것은 자신自身에 대하여 자신自信을 갖는 것이며, 이 자신自信이 자신自身을 밀어 올리는 추진력이 되어야 하는 것이다. 가장 바람직스러운 추진력은 자신自信에 의한 추진력이며, 이 추진력을 다시 자신自身의 것으로 만들 수 있는 힘을 가진 사람이 진정한 사람인 것이다.

O의 경우 아직은 자신自身에 대한 근본적인 검토를 하지 못하고 있으나, 이 부분에 대한 생각이 있으며, 따라서 앞으로 자신自身에 대한 것을 확인하고 되새김으로써 많은 발전을 이룩할 수 있을 것이다.

생각의 방향이 덜 잡혀 수련을 열심히 하고 싶어도 다른 것이 많이 눈에 뜨일 것이나, 강하게 이끌어 주면 진정이 될 것이다.

열심히 하려는 의욕이 있고 그 생각을 현실화하려는 것이 중요한 것이다.

· · · · ·
인간으로서 가장 보람 있는 길은
　　　　타인에게 진실한 삶을 전해주는 것이며, 이 진실한 삶이란
바로 자신을 찾아갈 수 있는 방법을 가르쳐주는 것이다.
　　　자신을 찾아간다는 것은 곧 우주를 찾아가는 것이며,
　　　　　　　우주란 곧 자신을 낳아 준 고향이니, 인간이 진실로
　　　찾아가야 할 곳은 바로 이곳인 까닭이다.

땅매입 건

한 수련생이 땅의 용도에 따라 홍○에 소규모의 수련장이나 실버타운을 만들겠다며 의논해왔다. 본성에게 문의.

홍○ ○면 ○○리의 기운

온화하다. 강한 것은 아니며, 중간보다 약간 아래의 기운이 있는 곳이다. 예전에는 기운샘이 있었으나 그것도 ○○리만 보급하기에도 부족한 정도였다. 지금은 다른 곳에서 흐르는 기운이 모이는 자리로서의 의미가 있다.

○○리에서 모인 기운은 여기에서 다른 곳으로 나가지 않고 자체에서 하늘로 올라간다. 다른 곳의 기운이 지하로 내려가서 사라지는 것에 비하면 이 점이 다르다.

따라서 기운 자체는 약해도 환자나 수련 초기의 기운이 약한 사람에게 좋은 것이다. 남성다운 기운이라기보다 여성스러운 기운이며, 이 기운은 초보자에게는 좋으나 중급 이상 되면 별 도움이 되지 않는다.

노인들이 여생을 보내기에는 좋은 곳이다.

홍○ 땅을 매입하겠다며 도와달라고 청을 했다. 좋은 일이기에 알아보았다.

《홍 ○땅 매입 건》

합장하고 선계를 향하여 인사하자 네 사람이 엎드린다.

뉘신가?

홍○ 사는 촌로들이옵니다.

어인 일이시온가?

오늘 저희들을 부르실 일이 있으시다 들었사옵니다.

누가 그러던가?

○○봉은 ○북에서는 작은 산이옵고, 소백에서 관장하옵니다. 저희는 소백에서 파견되어 ○○봉의 작은 산등성이를 담당하고 있사온데, 오늘 ○○봉을 담당하는 선인께서 이맘때쯤 부르심이 있을 것이니 대기하고 있으라고 하셨사옵니다.

그러던가? OO봉에는 지금 누가 있는가?

족별이라고 아마도 잘 모르실 것이옵니다. 족별 선인도 다른 분에게 전갈을 받으신 것 같사옵니다.

그랬던가? 허나 나는 순리대로 하는 것을 좋아하는 편일세. 자네들이 억지로 할 필요는 조금도 없는 것이네. 자네들이 만들어 놓은 순리를 한번 겪어보는 것도 수련생들에게는 공부가 아니겠나?

그렇기는 하나 시간이 없지 않사옵니까? 저희들이 거들어 드릴 수 있는 것은 이것밖에 없을 것 같으며 앞으로는 시간이 없을 것 같사옵니다.

그런가? 진정 그렇게 생각하는가?

그렇사옵니다. 저희들이 도와드리고 싶사옵니다.

그럼 그렇게 해주겠는가?

네. 당장 그리하도록 하겠사옵니다.

상당히 기뻐한다.

자네들의 힘으로 가능한가?

가능하도록 해보겠사옵니다.

네 산신이 의논을 해서 역할 분담을 한다.

그럼 자네들만 믿어도 되겠는가?

    우선 맡겨 주시옵소서.

그래 봄세. 자네들의 이름이라도 알 수 있겠는가?

    선생님께서 보시기에 맨 왼쪽에 있는 사람이 좌솔, 다음이 우솔, 다음이 상솔, 다음이 하솔이옵니다.

형제인가?

    '속'에서 한 번 그러한 인연으로 이렇게 수련을 계속 함께 하고 있사옵니다.

보기 좋네. 이번 일은 자네들에게 한번 맡겨 봄세.

    그래 주시면 영광이겠습니다.

그렇게 해보세. 허나 그들에게 절대로 피해가 가서는 안 되며, 그들이 원해서 하는 것이 되어야 하네. 알겠는가? 절대로 손해를 입혀서도 안 되고, 절대로 그들이 마음 내키지 않는 상태로 해서도 안 되네.

    알았사옵니다.

명심하게.

    그리하도록 하겠사옵니다.

다시 보세.

상호간에 열심히 의논하며 돌아간다.

이 경우의 부적: 상대방에게 전혀 직접적인 영향을 주지 않으며, 수련생들의 기분을 상승시켜 상대방의 잠재력을 불러일으키므로, 상대방이 이 땅의 매매 자금을 효율적으로 사용할 수 있도록 해줌으로써 매매에 동의하도록 한다.

이같이 도와주었는데도 홍○ 땅 매입이 원활하지 않다. 본성에게 문의.

모든 것을 성급히 하려 하지 말아라. 큰일이 그렇게 쉽게 되리라고 생각하지 말고 서서히 뜸을 들여서 하여야 한다. 세상의 일도 쉽지 않은바, 하물며 선계의 일을 어찌 그리 쉽게 하려 하는가?
  수련이 시작된 후 모든 행동의 중점은 자신의 업을 덜어내는 것이다. 이 '자신의 업을 덜어낸다'는 것은 수련이 진전되어 감을 뜻한다. 수련의 진전은 곧 자신의 완성이다. 이 완성은 자신의 정성과 수련상의 시행착오와 노력이 모여서 이루어지는 것이다.
  하나하나의 모든 것들이 결코 쉬운 것이 아니다. 스승을 비롯한 타인의 지원보다 더욱 중요한 것은 자신의 마음가짐이며, 자신의 마음가짐이 어떠한 결과로 나타나는 것이다. 이 결과에 승복하고 새로운 길을 모색할 때 또 하나의 배움이 열리는 것이다.
  장애에 대한 마음가짐은 모든 귀책사유가 자신에게 있음을 기본으로 한다. 어떠한 선생도 인간으로 있는 이상 우주의 정보에 대한 완벽한 해독이 불가하므로, 100%의 예측이 불가한 것이 이승의 일이며 인간의 일이다.

다만 지원을 할 뿐이며 자신이 한 일은 자신의 업보요, 결과이니, 자신이 한 일에 대하여 기대에 못 미치는 성과가 있을 경우에는, 자신의 어떠한 점이 이러한 결과를 빚었는지 다시 한 번 확인해 볼 것을 필요로 한다.

모든 것은 반성에서 출발하며, 이 반성은 자신의 부족한 점을 찾아내는 것에서 시작하고, 이 반성을 근거로 하여 다음 과정이 진행된다. 이 부족한 점은 결코 평소에 나타나는 법은 없다.

대업은 결코 쉬 이루어지는 것이 아님을 명심할 것. 자신의 업을 극복하려는 의지는 수련생에게 무엇보다도 필요한 것이다.

명부 3

○○○

번득이는 지혜가 없고 약간 둔해 보일 것이나 사람이 무던하다.
속내를 잘 드러내 보이지 않는 것이 본래의 스타일이니, 깊은 속은 좀 더 있어야 선생만이 알 수 있을 것이다.
선계 ○등급이며, 전생에 지상에서 태어난 적은 총 3회, 금생은 ○등급으로의 진화를 위해 수련에 들었다. 허나 시작한 연도가 너무 늦어 두세 번의 윤회를 하여야 할지도 모른다.
지상에 내려와 쌓인 업이 있다. 자질구레한 업들이 모두 해소되면 종전의 단계로 복원할 것이나, 아직 종전의 수련 단계가 복원되기에도 더 시간을 요하는 만큼 천천히 수련하도록 지도하라.
한 번 깨이기가 힘들 뿐 한 번 깨이면 속도는 상당히 빠를 것이다. 깨이는 날 본인의 귀에 천둥소리가 들릴 것이다.
선인들의 마음속에는 모두 자신만의 세계가 있음을 명심하고, 자신의 주변에서 일어나는 모든 일이 모두 본인의 탓임을 알도록 하여야 한다.

모든 것을 본인에게 맡기되 조심스레 지켜보며 조언할 것.

수선재 로고

수선재 로고(명칭:팔문원八門圓)를 선계로부터 이미지로 전송받았다.

팔문원八門圓

1. 가운데의 원은 우주 자체와 우주에 담긴 진리, 즉 스승과 스승의 가르침을 뜻함.

2. 가운데 원과 바깥 원 사이는 진리에 접근하고자 하는 사람들, 즉 수련생들을 뜻함.

3. 굵은 막대와 가는 막대 사이의 문門은 음양, 남녀, 선악 등 우주를

구성하고 있는 대립되는 기본 원리를 뜻하며, 이 문(門)을 통하여 팔
방으로 기운을 내보내 진리를 펴는 것임.
4. 바깥 원 밖은 비수련생들을 뜻함.

팔문원은 우주의 본체를 형상화한 것이다. 형상이란 어떠한 기운의 방향을 정하고, 그 정해진 방향으로 기운이 나가도록 하는 역할을 하여 주는 것이다. 기운이 이 형상의 내부에 갇히면 그 형상의 안에서 자신의 역할에 충실하여야 하는 의무가 주어진다. 팔문원을 수련하는 수련생의 경우 자신의 역할이란 '선계수련'에 매진하는 것이다.

팔문원 형상 중 가운데의 원은 우주 그 자체를 나타내는 것이며, 주변 8개의 문들은 우주의 기운이 내외부로 이동하는 통로를 나타낸다. 이 통로를 통하여 우주의 기운이 드나들며, 이 우주의 기운은 모든 것을 변화시킨다. 이 문들을 연결하는 바깥의 원은 우주를 구성하는 다양한 요소들을 나타내는 것이다.

이 팔문원 중 가운데 원을 각자가 내부에 하나씩 가지게 됨으로써 자신의 원을 가동하여 우주의 기운을 받고 자신의 내부의 탁기를 내보낸다. 수련장에 있는 것은 우주에서 직접 가동하며 자신이 만든 원은 자신이 가동한다.

수선재에 들어오면 항상 태극기와 팔문원에 인사드린다. 국기가 없으면 팔문원에만 인사드린다. 국기의 태극은 곧 우주이며, 이 우주는 팔괘를 통하여 기운을 출입시킨다. 태극은 사방으로 기운을

보낼 수 있는바, 이 형상만 가지고도 사방으로 기운의 출입이 용이하나 팔문원은 팔방으로 출입이 가능하다.

태극의 기운은 각 문마다 다양한 변화가 일어나 64종류의 기운이 되며, 하늘의 기운으로서 우주 자체의 기운보다 한 차원 아래의 기운이며, 팔문원의 기운은 8가지로 우주 자체의 기운이다.

북쪽은 의義요, 동은 예禮이며, 남은 인仁이고, 서는 지知이다. 그리고 나머지 네 방향은 이 정방향을 지지하기 위한 보조적 역할을 하는 것이다. 이 네 가지를 구분해보면 '의'는 인간이 가야 할 방향이요, '예'는 인간이 다듬어야 할 부분이며, '인'은 인간이 자신을 강화하는 방법이고, '지'는 그 다듬음을 강화하는 방법을 알려주는 것이다.

인간이 수련을 통해 선계에 도달하기 전에 가는 곳이 하늘이며, 하늘은 상천, 중천, 하천으로 구분된다. 인간의 성품이 상급에 이르렀으면 상천으로 가는 것이요, 중급에 이르렀으면 중천으로, 하급에 이르렀으면 하천으로 가는 것이다. 상중하의 구별은 자신도 못 챙기면 하요, 자신을 챙기면 중이며, 자신은 물론이고 타인까지 챙길 수 있으면 상품인 것이다.

성품이 상급에 이르렀다는 것은 지위의 고하가 아닌 사고방식의 고하를 나타내는 것이므로, 생각이 넓으면 그 생각의 안에 모든 것을 담을 수 있다. 하천은 생각의 안에 자신을 담기도 벅차며, 중천은 자신을 담고 남은 부분으로 외부의 것을 담을 수 있으며, 상천은 외부의 상당 부분을 담을 수 있는 것이다.

하천은 평사원이요, 중천은 과장이며, 상천은 작은 회사의 사장 정도라고 할 수 있다. 생각과 그 생각으로 인한 행동이 이러한 범위를 벗어나게 되면 작은 범위가 아닌 큰 구역, 즉 국가의 일부로서 행동하는 단계에 올라가는데 이것이 선계 1등급이다.

즉 읍면장, 시장이나 군수, 도지사 등의 반열에 드는 것이 바로 선계의 등급인 것이다. 이 중에서 일선에서 직접 관계 대상과 접촉하며 생활하는 선인들이 바로 1-3등급이다. 이들을 관리하는 것이 4등급 이상이며 8-9등급 이상 되면 우주의 본체 운영에 대하여도 영향을 미치게 된다.

선계는 바로 우주 그 자체이며, 이 우주는 다양한 구성 요소로 이루어져 있다. 이승의 모든 것은 물론, 이승에 없는 다양한 것을 포함하여 구성되므로 없는 것이 없다. 이러한 구성 요소를 대별하면 우주의 순 물질과 기타 물질로 구분할 수 있다.

순물질은 우주의 기본 구성 요소이며, 이 기본 요소는 어느 물질로도 변할 수 있는 요소이다. 따라서 아주 미세한, 즉 원자 하나를 구성하려 해도 수억 개의 우주 개체인 순물질이 있어야 할 만큼의 성분으로 구성되어 있다. 이 요소는 자체에서 스스로 희미한 빛을 내므로 미색으로 보인다. 이 요소가 모여 우주의 모든 것을 구성한다.

이 요소가 일단 어떠한 형상으로 나타나면 그 형상의 지배를 받게 된다. 인간들이 인간의 형상에 갇힌다는 것은 '인간의 틀에서 벗어나지 않고 자신이 입고 있는 인간의 틀에 충실하여야 하는 의

무를 진다'는 것이다. 이 역할에 충실하지 못하면 그것이 나중에 공과를 계산할 때 부負의 계산이 되어 차후 갚아야 할 빚으로 남는 것이다.

일정한 틀에서 벗어나는 것은 어떠한 동기가 있어야 가능하다. 이 동기는 기운을 근본적으로 변화시킬 수 있는 단계이다. 인간으로 있으면서 구한 생각의 변화는 영적인 단계로 가면 그대로 자신의 것이 되는 것인바, 해탈이라는 방법, 즉 자신을 벗어난 사고방식을 갖는다는 것은 그만큼 중요하다고 할 수 있다.

금년 한 해 역시 '팔문원 수련'을 통해 우주 기운을 직접 받음으로써 선계의 일원이 될 수 있기를 바란다.

• 수련법 생략.

113
명부4

○○○

사람이 괜찮다. 사람 중에는 여러 가지 사람이 있으나 이러한 사람의 경우 자신을 만난 것만으로도 모든 희망을 가질 수 있는 사람이다. 이 자신은 바로 우주를 만나기 이전의 본래의 자신인 등신等身이다.

자신은 우주 전체에서 한 인간에 이르기까지 다양한 우주가 있다. 이 여러 가지 우주 중에서 가장 처음 만나는 우주가 바로 자신인 것이다. 인간은 자신과의 만남을 시작으로 보다 큰 우주와의 만남의 문을 여는 것이다.

○의 경우 자신과의 만남을 시작한 것이다. 수련에 있어 자신과의 만남은 무엇보다 중요하다. 이 단계에서 어떠한 자신을 만나느냐 하는 것이 수련의 성패를 결정짓기 때문이다.

이것은 기적氣的으로 얼마나 맑은 상태에서 자신을 만나는가에 달려 있다. 따라서 수련의 초기 단계에 청기(맑은 기운)를 단전에 모아서 자신을 지속적으로 정화시킬 필요가 있다.

이 단계에서 필요한 것이 기운의 유통인바, 자신의 내부에서 유통하는 것이 소주천이요, 우주의 기운과 교류를 이룩하는 것이 대주천이다. 이러한 단계를 지나면서 점차 자신의 내부를 청기淸氣로 채우고, 이 채워진 청기가 다져져서 그 힘을 발휘할 무렵 자신을 만나게 되는바, 이 만남은 곧 수련의 성패를 결정짓는 것이라고 할 수 있다.

○의 경우 자신을 잘 만났다. 허나 아직은 만났을 뿐이며, 이 만남을 어떻게 발전시켜 나갈 것인가는 본인의 노력에 달렸다. 이제 자신과의 만남을 성숙된 인연으로 발전시켜야 할 단계이다. 서로 상대(또 하나의 자신)를 알아보았으니 잘 갈 수 있을 것이다. 지속적인 수련으로 이 소중한 인연을 가꾸어 나가도록 할 것.

선계 ○등급으로서 승급에 대한 별생각 없이 그저 공부차 지상에 나왔다.

• 수련 방법 : 본 것에 대하여 소중하게 생각하되 집착하지 말아라. 집착하면 새로운 것이 나타날 수 없다. 마음을 비우는 것은 이러한 것에서도 필요한 것이니, 본 것은 그냥 앞에서 흘러가는 것이라고 생각해야 된다.

114

천도 3

한 수련생의 부친 천도

중천의 상부에 머물고 있다. 선계에 진입하기에는 더 많은 시간을 요한다. 허나 수련생인 유劉의 정성을 보아 '99년 1월 26일 오전 선계 문 앞까지 인도하였다. 수련을 안 한 상태로서는 최고의 경지이다.

* 천도 시 고인의 상황 :

지상에 해원하지 못하고 남아 있는 업이 너무 많아 미련이 본인을 이끌고 있으므로 천도가 쉽지 않았다. 몸의 무게는 얼마 되지 않으나 마음이 무거워 잘 오르지 못하였다. 자손들이 100일 정도 기원하는 것으로, 전부는 아닐지라도 상당 부분 해원이 가능할 것이다.

49일이 지난 후에도 해원은 가능하다. 다만 본인과의 교감이 흐려짐으로 인하여 해원의 농도가 느려질 뿐이다. 본인과의 교감은 최초 49일간은 밀접한 관계가 가능하며, 그 이후 서서히 엷어지는 바, 약 120일까지 연결이 된다.

이 기간 동안은 부친을 생각하여 가능한 한 해원 기도를 할 것. 부친의 경우 업이 많다기보다는 하고 싶은 일이 있어 그것이 미련으로 남는 것이다. 그러나 이것은 자손들의 기도로 80% 이상이 해결될 것이나. 나머지 20%는 차후 본인 스스로 해원하여야 한다.

115
에이즈 AIDS

하늘이 인류에게 교훈을 주기 위하여 내린 가르침의 한 방법이다. 지상의 만물은 모두 자신이 가야 할 길이 있다. 이 길은 스스로 찾아서 갈 수 있기도 하고, 타인이나 하늘의 가르침을 받아들여 갈 수 있기도 하다.

에이즈는 하늘의 법도를 어긴 사람들이 받는 벌로서, 99.9%의 감염자가 이러한 사람들이며, 나머지는 우발적으로 감염된 사람들이다.

하늘은 '하늘의 법도'를 어긴 사람들에게 가하는 벌칙의 한 유형으로서, 인간이 스스로 치료 방법을 알기 어려운 질병을 한 가지씩 던져 놓는데, 이것들 중의 하나가 에이즈이다. 이러한 질병에 대하여 인간이 그 해답을 찾았을 때는 다시 다른 질병이나 다른 시련을 보내줄 것이다.

인간은 이러한 시련으로 인하여 새로운 발전의 기회를 가질 것이며, 새로운 발전의 기회를 자각하는 사람은 대단한 영적 진화의 기회를 가질 수 있을 것이다. 에이즈는 이것으로 인하여 하늘의 판단을 지상에 알림은 물론, 인류에게 크나큰 가르침을 준다.

이 가르침은 반드시 에이즈를 통하여 가능한 것은 아니다. 다른 여러 가지 방법으로도 가능한 것이나, 이번에는 수단이 에이즈일 뿐이다. 에이즈가 사라진다고 해서 이러한 가르침이 사라지는 것은 아니며 이것은 한 가지 방법임을 명심하라. 공부 방법 중의 하나이다.

혼기混氣로 인하여 생기는 병은 여러 가지가 있으나 이 중에서 가장 현재의 인간에게 위협이 되는 것이 바로 에이즈이다. 이것은 인간들에게 가장 큰 위협이며, 앞으로 얼마간 이 병으로 인하여 사망하는 사람이 많이 나타날 것이다.

천형이란, 이외에도 많이 있었으며, 예전의 페스트, 콜레라 등도 모두 천형의 일종이었던 것이다. 이 병에 걸리는 사람들은 원래 자신의 업이 그렇게 지정되어 있는 경우와 우발적인 경우가 있다.

우발적인 경우는 자신의 업이 바로 옆으로 지나감으로써 즉, 자신의 업과 혼선이 생길 수 있는 거리에 있음으로써 그렇게 된 것이다. 하늘의 일은 원래 혼선이 없는 것이나, 인간이란 변수는 없던 일을 만들기도 하고, 있던 일을 없애기도 한다.

이러한 변수가 바로 인간에게 깨달음을 얻게 하기도 하는 것이다. 에이즈는 인간으로서 받을 수 있는 가장 큰 부분이기도 하나, 이것은 육체에 내릴 수 있는 병 중에서 가장 큰 병이며, 마음에 내리는 질병은 이보다 더 클 수 있는 것이다. 하늘에서 마음에 내리는 병이 없도록 하는 것이 더욱 중요한 것이며, 몸의 질병은 마음으로 편안히 극복할 수 있음을 알게 함이 중요하다.

중간점검 2

그동안 많은 일을 하여 왔다. 세상은 단순한 것이 아니며, 앞으로 수련 지도를 함에 있어 고려해야 할 많은 요소가 있을 것이다. 그러한 모든 것들이 전부에게 수련이며 이 수련은 많은 사람들을 밝음으로 이끌어 낼 수 있을 것이다.

수련의 목표는 우주화이며, 이 우주화는 인간에게 있어 최대한의 축복이다. 수련의 길에 들어 많은 사람들에게 뜻을 전할 수 있음은 곧 수련이 많이 되었다는 것이니만큼, 절대로 자만하지 말고 앞으로 지속적으로 정진하도록 하라.

아직 멀었다. 하지만 가능할 것이다. 목표가 있다는 것은 좋은 것인바, 특히 수련에 있어 목표가 있음은 너무나 축복받은 것이다. 건강에 유의하며 지속적으로 목표를 향하여 노력하길 빈다. 하늘의 뜻임을 명심하고 가도록 해라.

알겠습니다. (합장)

117
수술 시기

난소에 종양이 있는 한 수련생이 수술 시기에 대해 물어 왔다.

아직은 수술할 때가 아니다. 기가 종양을 누르고 있기는 하나 보합세를 보이고 있으므로 수술을 하더라도 더욱 수련에 열중하여 종양의 기세가 꺾인 후에 하는 것이 좋다. 수술은 몸이 많이 상하는 것이므로 수련으로 종양의 기운을 누를 수 있도록 된 이후에, 수술 후 자신의 몸만 간수하면 되는 시기에 하는 것이 좋다.

아직은 종양의 기운이 승하는 시기이니만큼 섭생과 수련에 좀 더 집중하도록……. 건강은 자신의 노력만큼 지켜진다. 종양의 기운에 대해 너무 두려움을 갖거나 과대평가하지 말고, 있는 그대로 마음 편히 받아들여라.

수련 시 가급적 보거나 의념하는 것을 피하고 단전에 기운을 강화하는 방법에 집중할 것을 요한다.

종양 역시 기운의 한 형태이므로 열심히 하면 기운으로 누를 수 있다. 수술은 그 이후 고려해 볼 것이다.

　자신의 신념에 따라 회복이 빠를 수 있다. ○는 몸의 불편을 교재로 수련하는 것이다.

보호령 2

한 수련생이 수련 이후 천식이 점차 악화된다고 호소하다. 알아보기 위해 선계를 향해 인사하자 젊은 할머니가 앞에 온다.

뉘신가?

할미입니다.

누구의 할머니인가?

○○이의 할미입니다.

무슨 이유인가?

제 탓입니다. 수련을 시킨 것도 저이며, 선생님께 보낸 것도 저입니다. 제가 냉토에 묻힌 탓에 아이들이 찬 몸으로 태어났습니다. 이 아이 역시 원래 몸이 찬 아이이므로 몸을 따뜻하게 하여야 하나, 스스로 몸을 돌보지 아니하여 이렇게 되었습니다.

천식 악화의 원인은 자신의 건강이 스스로 뒷받침되지 않는 것이 첫째요, 서울의 공기가 나쁜 것이 둘째입니다. 본인에게 알려주고 싶으나 아직 대화가 불가합니다. 인삼 등 몸을 따뜻이 하는 약초를 달여 먹고 공기가 좋은 곳에서 요양을 하여야 하나, 서울의 공기를 마시다 보니 이렇게 된 것 같습니다.

육류 등 먹을 것을 잘 챙겨 먹고, 적당히 운동을 하면서 수련을 하면 효과를 볼 수 있습니다. 저를 통해 냉기가 흐르는 것을 막기 위해 당분간 인연을 끊겠습니다. 몸을 따뜻이 하고 맑은 물을 많이 마시며 조리를 하도록 하여 주십시오.

제가 자손에 대한 집착을 하지 않으면 차도가 좀 있을 것 같습니다. 늙은이가 생각한다고 하는 것이 이렇게 되었습니다.

잘 생각해주는 방법도 있지 않소?

아닙니다. 제가 생각하는 한 냉기가 흐르도록 되어 있습니다. 조상을 잘못 만난 탓입니다.

그럴 수가 있겠는가? 본인의 탓도 있을 테지.

본인의 업보도 있으나, 이 경우는 거의 조상 탓입니다.

내가 천도하여 드리면 도움이 되겠는가?

생각지 않았던 말 같다

감히 그러한 것을 바라겠습니까?

아닐세. 내가 자네를 천도해 주겠네.

성은이 망극하옵니다.

고마워서 어쩔 줄 모른다.

그렇게까지 고마워할 필요는 없네. 자, 내 손을 잘 보게.

손을 들여다본다.

어떤가?

네. 밝은 빛이 나옵니다.

지금은 어떤가?

빛이 점점 커지며 움직이고 있습니다.

그 빛을 따라가 보게.

그냥 가면 되는지요?

그러네. 빛이 끝나는 지점까지 마음 놓고 가게. 잘 가게……. 앞으로 ○○이의 일은 내게 맡기고 자네는 편안하게 지내게나.

그리하도록 하겠습니다. 감사합니다.

이러한 방법을 '광光천도'라고 한다. 빛으로 인도하는 천도의 방법이다.
본인은 건강이 좋아질 때까지 섭생에 주의하고, 일주일에 하루만 서울에서 수련하고 나머지는 영○에서 하면 나을 것으로 보인다.

119
수련

우주를 향하여 날아오른다. 지구는 물론, 태양계, 은하계가 어딘지 찾기 어려울 만큼 멀리 날아서 둘러보니 사방에 별처럼 깔린 것들이 모두 은하이다. 이 많은 은하의 바다에서 멈추어 사방을 돌아다본다.

우주의 80점대 공간에서 무조건 우하방右下方의 한 은하로 내려간다. 그 은하 안의 어느 별에 가자 아주 따뜻한 날씨이다. 침대가 하나 있으므로 그 위에 눕자 선인들이 3명 나타난다. 나의 장부가 기능이 약화되었으므로 새로운 것으로 교체한다고 한다.

기존의 것을 사용하였으면 좋겠다고 하자, 의인醫人이 어느 것이나 우주의 것이며, 교체 장부가 누가 사용하던 것이 아니고 새것이므로 무관하다고 한다. 즉 나의 파장에 영향을 주지 않는다는 뜻이다. 교체 후 의식을 주입해보니 속이 한결 편하다.

이 정도면 얼마나 사용할 수 있겠나?

얼마간은 사용하실 수 있을 것입니다. 필요하시면 언제고 교체하시면 됩니다.

그런가. 고맙네. 오늘은 어쩌다 이러한 고마운 인연이 되었나?
　　필요하셨던 것 같습니다.

그런가? 하여튼 고맙네.
　　필요하시면 아무 때나 오십시오. 제자들을 보내셔도 됩니다.

아무나 와도 되는가?
　　선생님의 직계라면 가능합니다.

그런가? 여기의 주소는 어찌되는가?
　　98 은하단, 기류 은하계, 제 487 성단의 '소자운Sojawoon 성토'입니다.

알았네. 그런데 너무 먼 것 같으네. 지구의 수련생들에게 항상 기운을 보내줄 수 있겠나?
　　가능합니다.

수선재 등에 좀 보내주면 고맙겠네.
　　그리하도록 하겠습니다. 허나 중요한 사안은 직접 내방하시는 것이 좋습니다.

그런가?

    기운상으로 그렇습니다.

알았네. 오늘 고마웠네.

    그냥 가시는 것보다 며칠 휴양하시고 가시는 것이 도움이 되실 것입니다.

마음은 여기 두고 몸만 가도록 하겠네. 그러면 되겠는가?

    네. 그렇게라도 하시면 저희가 더 노력하겠습니다.

고맙네. 잘 부탁하네. 며칠 후 다시 오면 되겠는가?

    1주일 정도 후면 좋을 것 같습니다.

알았네. 1주일 후에 다시 보세.

    안녕히 가십시오.

다시 보세.

    소자운Sojawoon : 우주의 아들이라는 뜻. 인간이 사용하던 장부도 선계에 등록이 되면 선계의 것이 된다.

120

49회 생일

 생일을 축하한다. 사람은 많아도 진정 생일을 축하받을 수 있는 사람은 그리 많지 않으며, 축하받을 생일을 가지고 태어났다고 해도 축하받을 인생을 살아간 사람은 그리 많지 않다.
 사람의 생일이 우주에서 축하받을 일이 되는 것은 우주의 뜻을 전할 수 있는 참된 마음을 가지고 그것을 행동으로 옮겼기 때문이다. 인간은 많아도 인간으로서 우주의 마음을 읽을 수 없고, 읽을 수 있다고 해도 그것을 행동으로 옮기는 것은 더욱 어려우며, 행동으로 옮긴다 해도 그것이 결실을 맺기는 더더욱 어렵다.
 하지만 인간이 인간이 아니고 신神일 수 있는 까닭은, 바로 인간의 마음이 신일 수 있는 까닭에 가능한 것이다. 육계肉界에서 벗어남은 곧 신계神界로 드는 것인바, 인간으로 있을 때 신계로 드는 길을 알고 연습을 한 사람과 안 한 사람의 차이는 너무나 크다.
 사전에 교육을 받지 않은 사람은 우주와 지구에 대한 이해가 너무 부족하여, 일단 육을 떠났을 때 자신에게 닥쳐오는 상황에 대한 이해와 적응이 너무 느리거나 전혀 적응이 안 된다. 그러므로 계속하여 지구에 머물거나 아니면 머물고자 하는 마음이 너무 강하게 되고, 더 이상의 발전을 스스로 막는 결과를 초래하는 것이다.

인간으로서 가장 보람 있는 길은 타인에게 진실한 삶을 전해주는 것이며, 이 진실한 삶이란 바로 자신을 찾아갈 수 있는 방법을 가르쳐주는 것이다. 자신을 찾아간다는 것은 곧 우주를 찾아가는 것이며, 우주란 곧 자신을 낳아준 고향이니, 인간이 진실로 찾아가야 할 곳은 바로 이곳인 까닭이다.

모든 것이 찾아가야 할 곳이 있다. 동식물조차도 찾아가야 할 곳이 있으니 하물며 인간은 더욱 그렇다. 허나 이 찾아가야 할 곳으로 찾아가지 못하는 경우가 너무나 많다. 우주의 편에서 보면 전혀 하찮은 들꽃이나 모래알도 찾아가야 할 곳이 있고 자신이 있어야 할 곳이 있으니, 하물며 인간의 입장은 더 말할 것이 없다.

이러한 찾아가야 할 곳으로 돌아가야 하는 것은 우주를 내포한 마음을 가지고 있는 인간으로서 가장 큰 도리이기도 한 것이다. 모든 것이 힘겹고 쉽지 않을지라도 오직 한마음으로 나가야 한다. 모두의 갈 길을 가르쳐주는 역할을 하는 것이 쉽지 않으나, 그것이 가져올 결과가 너무나 큼을 생각하고 잘 살펴 나가도록 하라.

멀고도 모르는 길을 찾아가 본 나그네는 이정표의 고마움을 안다. 하물며 어디서 와서 어디로 가야 하는지를 모르는 나그네의 경우, 네가 어디서 왔으며, 어디로 간다는 것을 알려주는 것이야말로 더없이 고마운 일이 될 것이다.

중생들에게 어디서 왔음에 대한 가르침은 없더라도, 어디로 가야 하는지에 대한 가르침만 주어도, 더없이 고마운 은혜가 될 것이다. 그러한 일을 할 우주의 사람으로 지정된 것은 본인의 입장에서는 고맙게 생각해야 할 일이고, 하늘의 입장에서도 축하할 일인 것이다.

다시 한 번 생일을 축하한다.

차례

1권 • 본성과의 만남 전후

1 우주에 대하여
2 남자와 여자
3 효과적인 수련 방법
4 바른 삶
5 한 해를 보내는 마음
6 한 해를 시작하는 마음
7 혼 1
8 실천
9 기회란
10 잘난 여자들이 짝이 없는 이유
11 산은 산, 물은 물
12 혼 2
13 수련의 집중 시간
14 마음이 흔들리는 것
15 남녀 관계
16 번뇌 1
17 번뇌 2
18 체력 관리 1
19 번뇌 3
20 번뇌 4
21 수련의 목적
22 깨달음
23 수련의 방법
24 나라의 운명
25 인간의 삶
26 인간 세상의 일
27 호흡 1
28 호흡 2
29 호흡 3
30 천서 공부
31 체력 관리 2
32 호흡 4
33 혼 3
34 수련 1
35 호흡 5
36 수련의 중요성
37 유혹 1
38 슬픈 기쁨, 나쁜 기쁨
39 얻음과 버림
40 휴일 없는 수련
41 답답할 때의 호흡
42 정심正心
43 진리의 행行
44 44회 생일
45 호흡 6
46 수련의 기회
47 호흡과 의식
48 한결같은 마음
49 바르게 살라
50 종교
51 도의 길
52 초각 인가
53 흔들리지 말아라
54 정심의 실체는 고행
55 무리는 금물
56 타인을 돕는 길
57 광명은 무심
58 혼 4
59 수련은 과정
60 혼 5
61 격은 스스로 높여라
62 대인 관계
63 유혹 2
64 도반
65 천계의 호흡
66 몸과 마음은 수련을 위해서만
67 호흡은 부드러워야
68 만물은 호흡
69 우주 호흡
70 마음의 조절
71 고비와 무리

72 | 남녀의 수련과정
73 | 중심을 잡아라
74 | 깨달음은 자연스런 일
75 | 천천히 하라
76 | 대우주는 무無이다
77 | 수련 인연은 가장 큰 축복
78 | 희생하라
79 | 확신을 가져라
80 | 자신으로 갈 수 있는 범위
81 | 주체는 자신
82 | 감정은 천지조화
83 | 가족 문제는 시련
84 | 자신은 원동력
85 | 천계의 부모
86 | 독립 준비
87 | 우주는 생물체
88 | 수련 인연은 천연天緣
89 | 노력해라
90 | 힘겨움
91 | 말을 조심하라
92 | 기는 곧 의지
93 | 강자의 윤리
94 | 긴장하라
95 | 확신과 자만
96 | 마음을 움직일 수 있어야
97 | 사람이란
98 | 도리와 인내
99 | 아침에 달렸다
100 | 사람의 하루
101 | 불필요한 만남
102 | 의지는 운명의 변수
103 | 선善의 확장
104 | 원인보다 결과가 중요
105 | 물物은 인간을 위해 존재
106 | 물物에서의 해탈
107 | 수련 중이라는 사실
108 | 작은 일에 소홀하지 말아라
109 | 고행이란
110 | 갈등의 원인은 자신
111 | 급한 것을 뒤로 돌려야

112 | 극선極善도 나쁘다
113 | 일정한 태도를 유지해야
114 | 천명天命이란
115 | 우주는 내부에 있다
116 | 모든 것은 새롭다
117 | 몸에도 의사가 있다
118 | 충격 요법
119 | 상상도 주의하라
120 | 가족 관계
121 | 호흡은 만물의 생성 원인
122 | 생각을 버려야
123 | 공부란 공空으로 채워
124 | 혼자 있는 시간
125 | 칭찬
126 | 성性
127 | 현재의 나를 버리면
128 | 일체 유심조
129 | 마음의 벽
130 | 도는 가까이에
131 | 뒤를 보지 말아라
132 | 집중은 돌파력
133 | 환경은 나의 다른 표현
134 | 작은 것이 중요
135 | 마음이 맑아야
136 | 수련은 모든 것의 자동화
137 | 인내
138 | 해탈 직전은 환희
139 | 즐거움은 힘
140 | 수련은 인내
141 | 언제나 큰 것은 없다
142 | 나는 위대하다
143 | 잡념
144 | 선계善界와 악계
145 | 매사가 수련
146 | 아침 수련
147 | 수련이 무거우면 초보
148 | 평온은 파워이다
149 | 호흡의 뒤는 절벽
150 | 뜻을 세워야
151 | 본성과 개성

152 | 조건이 없을 때 행하라
153 | 본성과 나의 일치
154 | 균형을 잃지 말아라
155 | 작은 것이 중요
156 | 우주의 진리는 절대적
157 | 기운은 기의 느낌
158 | 초련, 중련, 상련
159 | 확신은 가장 큰 힘
160 | 상근기 호흡법

2권 • 본성과의 만남 전후

1 | 운명은 틀
2 | 모든 것은 내 것
3 | 흔들림
4 | 흔들리지 않는 마음이 본성
5 | 소중한 것을 버려라
6 | 흔들림은 심허心虛에서 온다
7 | 여유를 가져라
8 | 가라앉은 호흡
9 | 선인仙人이란
10 | 각자覺者의 서열이 높은 이유
11 | 수련자의 사랑
12 | 사제지간의 도리
13 | 인간의 도리
14 | 운명이란
15 | 부동不動은 단전에서 나와
16 | 집기集氣
17 | 법
18 | 단斷
19 | 도
20 | 마음대로 하라
21 | 자기 자신을 속이지 말아라
22 | 수련의 요체
23 | 나와의 인연
24 | 서두름
25 | 자신自信을 가져라
26 | 마음이 편해야

27 | 수련은 자기 확인
28 | 기회의 포착
29 | 하늘이 요구하는 인간
30 | 기상 이변
31 | 나는 절대 가치
32 | 나를 찾은 후 수련
33 | 나의 화신
34 | 인간의 변수
35 | 호흡과 정신의 일치
36 | 마음은 천지 만물
37 | 자신의 자리에 있어야
38 | 포기하라
39 | 매사가 기회
40 | 단순함이 근본
41 | 힘과 짐
42 | 견딘다는 것
43 | 자신自信을 가져라
44 | 평범한 것이 어렵다
45 | 마음에는 없는 것이 없다
46 | 마음먹은 바를 오래 간직해야
47 | 정확해라
48 | 세 번의 기회
49 | 수련 중의 도움
50 | 업적은 우주의 일
51 | 자신을 깨라
52 | 영靈의 호흡
53 | 정보는 호흡
54 | 입기入氣와 출기出氣
55 | 단전으로 판단하라
56 | 베푸는 것이 거두는 것
57 | 여유는 힘
58 | 깨달음은 중간 목표
59 | 나를 위해 살라
60 | 실생활과 수련의 조화
61 | 의지는 인내의 약
62 | 자만이 아닌 자신
63 | 문학에서의 성취
64 | 생각을 주의해라
65 | 호흡은 만법에 우선
66 | 힘의 결집은 조화로써 가능

323

67	중화를 이루는 방법	107	잡념은 죄악
68	호흡은 모든 것	108	무념이란
69	도는 조정	109	정성의 대상은 자신
70	도는 원래 존재하는 것이 아니다	110	수련은 힘
71	호흡에 감사해야	111	사랑의 양면성
72	명命의 조절이 가능	112	도는 나와의 일치
73	일상日常의 계획	113	버린다는 것
74	마음대로 할 수 있는 것	114	수련하는 인연
75	수련은 작지도 크지도 않아	115	본성은 모두 같다
76	마음은 스승	116	직분에 충실하라
77	작은 일 1	117	여자의 생리와 수련
78	작은 일 2	118	천기를 자랑하지 말아라
79	작은 일 3	119	법이란
80	인간이 위대한 것은 정성 때문	120	건강은 우선하는 가치
81	문학의 어려움	121	불가능은 없다 1
82	물物 위주로 생각하면 고개가 꺾어진다	122	한 가지 일
83	거듭되는 좌절	123	자신의 일
84	정확에서 출발해야	124	하늘은 항상 맑다
85	소각과 대각	125	천벌이란
86	고해의 의미	126	아무것도 없다
87	나는 절대 명제	127	세상일의 순서
88	현재의 위치가 가장 중요	128	세상의 서열
89	정성	129	우주는 마음
90	자족을 알라	130	천기 수련
91	호흡 7	131	집중이 가능한 마음
92	일상日常이 중요	132	마음이 맑으면 우주와 교신이 가능
93	한 곳을 지향하라	133	수련으로 인도되기 위한 과정
94	노력은 우주를 감동시켜	134	우주와 교신이 가능한 인간
95	아침은 하늘의 시간	135	수련의 기회
96	신도 인간이 수련하는 것은 못 막아	136	새벽 기도
97	불만은 깨달음으로 인도한다	137	수련에서 실마리가 풀리면
98	부족하면 부족한 대로	138	수련은 사후세계의 보장
99	기공에서 심공으로	139	호흡 게송
100	우주는 생각으로 움직여	140	하늘은 공평하다
101	단전으로 보고	141	일체 유심조
102	쉬는 법	142	정성은 우주를 움직이는 힘
103	하늘 인간	143	인간의 미래
104	기안, 영안, 법안, 심안	144	모든 것을 바로 보는 것
105	정신일도 하사불성	145	인생을 적극적으로 운용하라
106	때란 기운이 지원되는 시기	146	사람은 항상 같아야

| 147 | 모르게 도와라
| 148 | 힘이 있어야
| 149 | 수련에서는 재시도가 가하다
| 150 | 진리와의 일치
| 151 | 작은 일이 역사를 만들어
| 152 | 세상을 긍정적으로 이용해야
| 153 | 모든 것은 내 탓
| 154 | 자신에게 원인이 있다
| 155 | 텔레파시가 가능한 인류
| 156 | 수련은 가볍지 않다
| 157 | 자신에게 감사
| 158 | 복을 짓는 일
| 159 | 기억력의 증가
| 160 | 충전 시는 충전만을

| 23 | 수련과 직업
| 24 | 작은 일은 작게
| 25 | 기회를 잡는 힘
| 26 | 공과 사의 구분
| 27 | 대가 없는 것은 없다
| 28 | 맡겨라
| 29 | 중복되는 역할
| 30 | 수련의 결실은 늦다
| 31 | 『도○』라는 책에 대하여
| 32 | 타인의 감정 손상은 업
| 33 | 힘의 비축
| 34 | 마음이 차분해야
| 35 | 능력 개발이 필요
| 36 | 소아小我에서 대아大我로
| 37 | 네 자리를 찾아라
| 38 | 인격과 신격
| 39 | 산 호흡, 죽은 호흡
| 40 | 결실을 맺는 시기

3권 • 본성과의 만남 전후

| 1 | 나를 챙긴 뒤 남을 도와야
| 2 | 매사가 수련
| 3 | 남에게 편하게 대하라
| 4 | '94년을 보내며
| 5 | '95년을 맞이하며
| 6 | 몸은 마음의 받침돌
| 7 | 몸과 마음
| 8 | 인간은 자체가 가능성
| 9 | 나를 극복하지 못하면
| 10 | 작은 일은 깨달음의 시원
| 11 | 편할수록 길이 있다
| 12 | 건강은 수련의 기초 단계
| 13 | 통찰력은 만사 해결의 근본
| 14 | 세 가지 유형
| 15 | 자신의 일이 중요
| 16 | 자신의 길
| 17 | 맑아야 한다
| 18 | 천하는 사람의 하반신
| 19 | 남을 위해서도 살라
| 20 | 인생은 원래 답답한 것
| 21 | 바보 세 명에게도 배울 것이
| 22 | 인체의 두 가지 리듬

| 41 | 글은 또 하나의 수련 지도
| 42 | 신의 의지, 인간의 의지
| 43 | 나에게서 벗어나는 것
| 44 | 출생 배경이란
| 45 | 지극 정성
| 46 | 명확한 생각이 기본
| 47 | 자신의 일을 찾아야
| 48 | 본성의 지시
| 49 | 반드시 해야 하는 일
| 50 | 사람이 되는 일
| 51 | 인간과 인류
| 52 | 자신의 일을 빼앗기지 말아라
| 53 | 지구의 미래
| 54 | 수련 외의 일
| 55 | 자신의 일
| 56 | 부끄러움
| 57 | 일은 감사의 대상
| 58 | 시간은 고무줄과 같다
| 59 | 진화는 인간의 목표
| 60 | 마음의 힘이 진력眞力
| 61 | 사명과 소명
| 62 | 하지 않아야 할 일

63	본분을 지키는 일	103	기억력의 저하
64	순리로 풀라	104	문학의 스승
65	확신은 100%의 힘	105	누구와도 통한다
66	쓸데없는 것들	106	법도 정情 앞에 무력하다
67	사람다운 사람	107	천상천하 유아독존
68	두려움과 실패	108	환경
69	아화我化	109	몸이 무거운 것
70	천도天道	110	선善은 순리
71	일의 순서	111	영력은 시초에 불과
72	평범과 비범	112	확신은 천인의 기본 조건
73	뜻이란	113	해외 취재 기회
74	분수	114	시아버님 병환
75	우주의 사랑	115	조건은 자신의 탓
76	자살은 죄인가	116	육성 시의 방향
77	옥玉의 효과	117	각覺의 시작
78	잃는 기술	118	생로병사의 즐거움
79	수련의 방법과 내용	119	선각자의 임무
80	회갑의 의미	120	기운 자체가 업
81	인간과 우주의 차이	121	공동 진화의 길
82	내 일을 아는 것이 본성	122	몸의 중요성
83	나는 나의 일로 확인된다	123	스승이란
84	스승의 역할	124	집안일의 처리
85	가장 필요한 것이 유혹	125	의지와 인내
86	자유 의지	126	사명과 임무
87	인간은 완성체	127	관성이 운명
88	자신의 완성은 자신만이	128	본성의 통일
89	자유의 씨앗	129	길이 멀다
90	심력心力 다지기	130	큰 그릇
91	때란	131	스승이 필요한 이유
92	방송 작가로 데뷔하다	132	업은 내 탓이다
93	인간의 지혜	133	법法과 본본
94	오링 테스트	134	성性과 본본
95	몸의 불균형	135	호흡으로 천하통일
96	신경 쇠약	136	동료에 대하여
97	근기에 따른 정신 자세	137	인간의 일은 수련
98	영력의 사용	138	인연
99	욕심을 제거하는 수련	139	두려움은 약
100	채워지지 않아도 넘어가라	140	진리는 내 안에 있다
101	저울의 추가 오행	141	생명이 있을 때 거두라
102	무화無化	142	본질과 변수

143	인간과 인류	19	자신의 통제
144	몸이 허해지는 것	20	도전에 대한 응전
145	사랑니, 편도선, 맹장	21	호흡 8
146	독립 운동가 홍범도	22	시간의 사용
147	땅만 보는 인간	23	때란
148	기는 맑아야	24	한계는 없다
149	최선을 다해라	25	불가능은 없다 3
150	스스로 돕는 자	26	바라는 바가 있어야
151	불가능은 없다 2	27	운명이라는 변수
152	각覺은 의지의 결정체	28	부동심
153	인간의 일은 하늘에 등록된다	29	드라마 작가
154	남의 탓이 없다	30	여러 종류의 사람
155	고비는 승패의 갈림길	31	하늘의 뜻
156	심호흡 10회	32	정情은 최종 관문
157	어려움의 생활화	33	인간에 대한 하늘의 뜻
158	동양과 서양	34	사는 이유
159	자신을 심판하는 것	35	기운을 모으는 법
160	'나'는 전지전능하다	36	마음을 정리하는 법
		37	우주화
		38	인간의 도리

4권 • 본성과의 만남 전후

		39	생각의 부족
		40	돈에 대하여
1	사고방식의 정리	41	동료의 승진
2	편견은 가장 큰 결점	42	'96년을 맞이하며
3	이진법	43	소설 「2000년의 한국」
4	마음의 정리	44	호르몬 조절
5	진리	45	기운이 없을 때
6	오늘이 중요	46	타 수련으로의 이적
7	운은 새와 같다	47	○○ 포기공
8	세 가지 운	48	동료의 의술
9	변화와 진화	49	○○ 기공
10	수련의 가속화	50	영혼결혼식
11	노력과 진화	51	정신적 공황
12	정상이란	52	지역감정의 뿌리
13	호흡은 공기의 공유	53	평두
14	홀로 서라	54	성폭행과 매춘
15	부끄러움 1	55	배우자
16	부끄러움 2	56	대형 사고의 희생자들
17	부끄러움 3	57	초능력은 신명 접합인가
18	부끄러움 4	58	재림주는 있는가

59 | 종교의 사명
60 | 인간의 영급
61 | 보호령
62 | 지구 인류의 시원
63 | 지구의 기운을 통제하는 능력

수련원 개원 이후

64 | 수련 지도 1
65 | '98년 새해 아침
66 | 수련 지도 2
67 | 기공과 심공
68 | 작가와의 만남
69 | ○존자尊者의 표상
70 | 호흡의 중요성
71 | 하늘의 입장에서
72 | ○○감식법
73 | ○음법
74 | 수련이란
75 | 선생의 도리
76 | 수련 지도 3
77 | 제자의 도리
78 | 법의 전달
79 | 수련 지도 4
80 | 48회 생일
81 | 인간의 도리
82 | 수련원 개원
83 | 남는 부분과 부족한 부분
84 | 중화된 냉기
85 | 『격암유록』의 10승지
86 | 수련생에 대한 문의
87 | 나에 대한 문의
88 | 가족들의 전생
89 | 버거씨병
90 | 명命에 대하여
91 | 명부命簿 1
92 | 자궁 근종
93 | 천기누설
94 | 꾸지람

95 | ○란시아
96 | 천도 1
97 | 천도 2
98 | 중간 점검 1
99 | 물物에 대한 공부
100 | 아내의 가출
101 | 생활과 수련과의 문제
102 | 살기 좋은 곳
103 | 보호령 1
104 | 기운의 역류
105 | 전신 마취
106 | 부부 수련생
107 | 1998년 송년 메시지
108 | 새해를 맞이하며
109 | 명부 2
110 | 땅 매입 건
111 | 명부 3
112 | 수선재 로고
113 | 명부 4
114 | 천도 3
115 | 에이즈AIDS
116 | 중간 점검 2
117 | 수술 시기
118 | 보호령 2
119 | 수련
120 | 49회 생일